働き方

稲盛和夫
Kazuo Inamori

三笠書房

働き方
もくじ

プロローグ　幸福になる「働き方」

1章

「心を高める」ために働く
――なぜ働くのか

2章

「仕事を好きになる」ように働く
——いかに仕事に取り組むか

3章

「高い目標」を掲げて働く

――誰にも負けない努力を重ねる

4章　今日一日を「一生懸命」に働く
——継続は力なり

5章
「完璧主義」で働く
——いかにいい仕事をするか

6章 「創造的」に働く ——日々、創意工夫を重ねる

プロローグ

幸福になる「働き方」

「本当に価値のある人生」を送るために

この国は今、「道しるべのない時代」を迎えています。

確かな指針を見出せない中にあって、少子高齢化や人口減少、地球環境問題など、過去に経験したことがない問題に直面し、人々の価値観そのものが、大きく揺らいでいるように見受けられるのです。

人生の中でもっとも多くの時間を費やす、「働く」ということに関する考え方、仕事に対する心構えも、その一つなのかもしれません。

「なぜ働くのか」「何のために働くのか」——多くの人が今、働くことの意義やその目的を見失っているようです。

日々の仕事を進めるための技術やマニュアルは、あふれるほど用意されているのに、働くということに込められた、根本的な価値を明らかにすることは、ないがしろにされてきました。

そのため、今、若い人たちの間で、労働を嫌い、厭《いと》い、できるだけ回避しようとする傾向が顕著になっています。

たとえば、「一生懸命働く」「必死に仕事をする」といったことを意味がないとか、格好悪いと冷笑する人さえ少なくありません。

そのため、株の取引などで「楽して儲ける」スタイルに憧れを抱く人や、ベンチャーを起業するにしても、上場で一攫千金《いっかくせんきん》を果たし、若くしてリタイアすることがゴールだという人も増えているようです。

一方、働くことを怖がる傾向も多く見られます。

社会へ出て働くことは、自分の人間性を剥奪《はくだつ》されてしまう苦役《くえき》でしかない。だから、就職もせず、親の庇護《ひご》のもと、ぶらぶらと過ごす。さもなくば目的もなく、アルバイトで食いつなぎながらイヤイヤ働く。ニートやフリーターなどの増加は、労働に関する考え方、心構えの変化がもたらした、必然的な結果だと言えるのかもしれません。

働くことを「必要悪」ととらえる考え方も、さも常識であるかのようにささやかれるようになってしまいました。

本当は働きたくない、しかし食べていくためには、やむを得ないから働く。だから、できるだけ楽に稼げればいい。本当は、会社に縛られず、プライベートな時間を大切にして、自分の趣味に没頭していたい。そのような生き方は、豊かな時代環境を背景に、今や若い人の間に浸透してしまったようです。

このようにして、今多くの人が、「働くこと」の根源的な意味を見失い、「働くこと」そのものに、真正面から向き合っていないように思うのです。

私はそういう人たちに、「せっかくこの世に生を受けたにもかかわらず、果たして本当に価値ある人生であったのか」と問うてみたい。いや、問うだけではなく、そのような若い人たちに、なんとしても、私の考える正しい「働き方」を教えてあげたいのです。

働くことの意義を理解し、一生懸命に働くことで、「幸福な人生」を送ることができることを——。

この本では、「働く」ということに関する私の考えと体験をお話しすることを通じて、労働が人生にもたらす、素晴らしい可能性について、ぜひ述べていきたいと考えています。

働くことは「万病に効く薬」

私は、働くことは「万病に効く薬」——あらゆる試練を克服し、人生を好転させていくことができる、妙薬《みょうやく》（素晴らしい薬）だと思っています。

私たちの人生は、さまざまな苦難から成り立っています。

自分が望んだり、招いたりしたわけでもないのに、思いもかけない不幸が次々に襲ってきます。そのような苦難や不幸に翻弄《ほんろう》されるとき、私たちは自らの運命を恨《うら》み、つい打ちひしがれそうになってしまうものです。

しかし、「働く」こと自体に、そのような過酷な運命を克服し、人生を明るく希望あふれるものにしていく、素晴らしい力が秘められているのです。それは、私自身の人生を振り返ってみても、明らかです。

私は若いときに、多くの挫折を経験しました。

まず、中学の受験に失敗しました。そして、結核にかかり死線をさ迷うことになりました。病気を押して受けた再度の中学受験にも失敗しました。そのうえ、戦災で家まで焼かれてしまいました。

十歳代前半の幼心にも、自分のツキのなさに暗然《あんぜん》とする思いでしたが、試練はその後も続きました。

大学への進学や就職活動も思うに任せなかったのです。

志望大学の医学部の受験に失敗した後に、地元の大学の工学部に入学することになりました。気を取り直し、猛勉強に励み、学校から太鼓判をいただいていたものの、大手企業への就職活動がことごとくうまくいきません。

やむなく先生の紹介で、京都にあった小さなガイシ（電線を支持し、絶縁するために、鉄塔や電柱などに取り付ける陶製の器具）製造会社に就職しました。しかし、その会社は今にも潰《つぶ》れそうな赤字会社で、初任給が給料日に支払われず、「もう少し待ってくれ」と会社から言われる始末でした。

二十三歳の私は、人生の門出にあたり、「なぜ自分にはこんなに次々と、苦難や不幸が降りかかってくるのだろう。この先、自分の人生はどうなっていくのだろう――」と、暗澹《あんたん》たる思いにとらわれ、自らの運命を嘆いたものでした。

しかし、私は、そのような過酷な運命に彩られていたはずの人生を、たった一つのことで、大きく塗り替えることができたのです。

それは、私自身の考えを改め、ただ一生懸命に働くことでした。

すると不思議なことに、苦難や挫折の方向にしか回転していかなかった私の人生の歯車が、よい方向へと逆回転をし始めたのです。

そして、その後の私の人生は、自分自身でも信じられないほど、素晴らしく希望あふれるものへと変貌を遂げていきました。

読者のみなさんの中にも今、働く意義を理解しないまま仕事に就いて、悩み、傷つき、嘆いている方があるかもしれません。そのような方には、「働く」ということは、試練を克服し、運命を好転させてくれる、まさに「万病に効く薬」なのだということを、ぜひ理解していただきたいと思います。

そして、今の自分の仕事に、もっと前向きに、できれば無我夢中になるまで打ち込んでみてください。そうすれば必ず、苦難や挫折を克服することができるばかりか、想像もしなかったような、新しい未来が開けてくるはずです。

本書を通じて、一人でも多くの方々が、「働く」ことの意義を理解され、幸福で素晴らしい人生を送っていただくことを心から祈ります。

1章

「心を高める」ために働く

――なぜ働くのか

私たちは「自らの心」を高めるために、働く

何のために働くのか――。

その理由を、「生活の糧を得るため」と考えている人がたくさんいます。食うがために必要な報酬を得ることこそが労働の価値であり、働くことの第一義であるというわけです。

もちろん、「生活の糧を得る」ことが、働くということの大切な理由の一つであることは間違いありません。

ただ、私たちが一生懸命に働くのは、そのためだけではないはずです。

人間は、自らの心を高めるために働く――私はそう考えています。

「心を高める」ということは、お坊さんが厳しい修行に長年努めてもできないほど、たいへん難しいことなのですが、働くことには、それを成し遂げるだけの大きな力があるのです。

働くことの意義が、ここにあります。

日々、一生懸命に働くことには、私たちの心を鍛え、人間性を高めてくれる、素晴らしい作用があるのです。

以前に、ある宮大工の棟梁《とうりょう》の話を、テレビのインタビュー番組で聞いて、感動したことがあります。

「木には命が宿っている。その命が語りかけてくる声に耳を傾けながら仕事をしなければならない」「樹齢千年の木を使うからには、千年の月日に耐えるような立派な仕事をしなければならない」――棟梁は、そのようにおっしゃっていました。

このような心に染み入るような言葉は、生涯を通じて、仕事と真正面から向き合い、努力を重ねてきた方でなければ、とても口にできるものではありません。

「大工の仕事を究める」ということは、ただ単に鉋《かんな》をかけて「素晴らしい建物」をつくり上げる技術を磨くことをいうだけでなく、心を磨き、「素晴らしい人間性」をつくり上げることにもある――私は棟梁のお話から、このことを実感し、深い感銘を受けました。

その棟梁は、小学校を出てから七十有余歳《ゆうよ》に至るまで、ずっと宮大工として生涯を務めてこられた方のようでした。その長い年月の間、一つの仕事をやり通すには、つらいことやしんどいこと、もう辞めたくなるような苦労もあったことでしょう。その苦労を克服しつつ、一生懸命に仕事に励むことで、素晴らしい人格を育み、豊かで深みのある言葉を自分のものにされたのだと思うのです。

私は、この宮大工の棟梁のように、一生を一つの職業に捧げ、地道な労働を営々と重ねてきた人物に強く魅了されます。

ひたすら働き続けることを通じて、心を練り上げてきた人間だけが持つ、人格の重みや揺るぎない存在感――そういうものに接するたびに、私は働くという行為の尊さに改めて思いを馳《は》せるのです。

そして同時に、将来を担うべき、現代を生きる若い人たちにも、仕事で努力することを厭わず、仕事で苦労することから逃げず、ただ素直な心で一生懸命に仕事に打ち込んでほしいと思うのです。

ときに、「いったい何のために働くのか」という自問が湧いてくるかもしれません。

そういうときには、ただ一つのことを思い出していただきたい。

働くことは人間を鍛え、心を磨き、「人生において価値あるもの」をつかみ取るための尊くて、もっとも重要な行為であることを——。

働くことが「人をつくる」

「よく生きる」ためには、「よく働くこと」がもっとも大切なことです。

それは、心を高め、人格を磨いてくれる「修行」であると言っても過言ではありません。

今から十年くらい前のことでしょうか、ドイツ領事の方と対談をさせていただいた折り、次のようなお話をお聞きしました。

「労働の意義は、業績の追求にのみあるのではなく、個人の内的完成にこそある」

働くということの最大の目的は、労働に従事する私たち自身の心を練磨《れんま》し、人間性を高めることにある。つまり、ただひたむきに、目の前の自分のなすべき仕事に打ち込み、精魂を込めて働く。そのことで、私たちは自らの内面を耕し、深く厚みのある人格をつくり上げることができると言われるのです。

「働くことが、人をつくる」――すなわち日々の仕事にしっかりと励むことによって、自己を確立し、人間的な完成に近づいていく。そのような例は、古今東西を問わず、枚挙にいとまがありません。世の偉人伝をひもとくと、必ずそのような事実に行き当たります。

功成《こうな》り名を遂げた誰もが、例外なく、努力を惜しまず、辛苦《しんく》を重ねながら、自分のなすべき仕事に没頭しています。そして、その果てしのない努力を通じて、偉大な功績を成し遂げるとともに、素晴らしい人間性をもまたわがものとしているのです。

このような話もあります。

南太平洋・ニューブリテン島のある未開部族の村落では、「労働は美徳」という考え方があるそうです。そこでは、「よく働くことが、よい心をつくる」「よき仕事は、よき心から生まれる」というシンプルな労働観を中心に生活が営まれているというのです。

その村落のおもな労働は、焼畑農業によるタロイモの栽培です。

そこには「仕事は苦役《くえき》」という概念がまったく存在しないのです。村人たちが働くことを通じて目指すものは、「仕事の美的成就」と「人格の陶冶《とうや》」、つまり、美しく仕事を仕上げること、そして、それを通じて人格を磨くことだと言います。

村人たちは、畑の配置、作物の出来ばえ、土の匂いといったものを評価し合うのだそうです。たとえば、よい匂いのする畑は「豊穣《ほうじょう》」であり、悪い匂いのする畑は「不毛」であるといった具合です。

このようにして、畑作を立派に仕上げた人は、村人全員からその「人格の高まり」について、高く評価されることになります。

つまり、労働の結果である畑や作物の出来ばえを通じて、その人間の人格の高さが判断されるのです。畑仕事を立派に行なった人、すなわち「いい仕事」をした人は、人格的にも「高い人」であり、まさに「人格者」であるという評価を受けることになります。

彼らにとって、働くことは生活の糧を得る手段であると同時に、心を磨き、人間性を高める手段でもあるのです。「いい仕事は、いい人間によってなされる」という、シンプルですが大切な労働観が、厳然《げんぜん》と原始社会から生きているというわけです。

こういう話を聞くと、懸命に働かなければ生きていけない原始社会のほうが、労働の本来の意義を正しく理解しているように思えます。

一方、人類に近代文明をもたらした西洋の社会には、キリスト教の思想に端を発した、「労働は苦役である」という考え方が基本にあります。聖書の冒頭にあるアダムとイブのエピソードを見ても、それは明らかです。

人類の始祖である彼らは、神から禁じられていた木の実を食べたため、楽園であるエデンの園から追放されてしまいます。楽園にいる間は働く必要はなかったわけですが、追放されたことで、食べ物にありつくためには苦しい思いをしながら働かなくてはならなくなったのです。

この有名な話には、人間はいわゆる「原罪」を償《つぐな》うために、労働という罰を与えられたとする、働くことに対する否定的なイメージや意識がつきまとっています。

つまり、欧米の人にとっては、働くことはもともと苦痛に満ちた、忌《い》むべき行為なのです。そこから「仕事はなるべく短い時間にすませ、なるべく多くの報酬を得たほうがいい」とする、近代の労働観が生まれてきたようにも思えます。

しかし、日本にはもともと、そのような労働観はありませんでした。

それどころか、働くことはたしかにつらいことも伴いますが、それ以上に、喜びや誇り、生きがいを与えてくれる、尊厳ある行為だと考えられてきたのです。そのため、かつて日本人は、職業の別を問わず、朝から晩まで惜しみなく働き続けました。

たとえ日用品をつくる職人であろうとも、自分の技を磨き、素晴らしい日用品をつくることに、なんとも言えない誇らしい充実感のようなものを感じていたのです。それは、働くことは、技を磨くのみならず、心を磨く修行でもあり、自己実現や人間形成に通じる「精進《しょうじん》」の場であるとする、深みのある労働観、人生観を、多くの日本人が持っていたからと言ってもいいでしょう。

しかし近年、社会の西洋化に伴い、日本人の労働観も大きく変貌を遂げてしまいました。

それが、この章の冒頭で述べた、生活の糧を得るために働くという、いわば「労働」を必要悪ととらえる考え方です。そのため、多くの日本人が、労働を単につらく苦しいだけのものとして、さらに忌み嫌うようになってしまったのです。

ど真剣に働く――「人生を好転させる」法

もちろん、かく言う私も、もともと働くことが好きだったわけではありません。ましてや働くことで遭遇する苦労などとんでもないと考えていました。

子どものころは、両親から「わけときの難儀は、買《こう》てでんせえ（若いときの苦労は買ってでもしなさい）」と鹿児島弁で諭されれば、「難儀など、売ってでんすな（苦労など、売ってでもするな）」と口答えするような、生意気な子どもでした。働くことの苦労を通じて、自分という人間を磨くといった修身（道徳）臭《くさ》い話は、今の多くの若い人たちと同様に、歯牙《しが》にもかけない少年であり、青年であったのです。

ところが、大学を卒業し就職した松風《しょうふう》工業という京都にあるオンボロ会社は、そんな若者の甘い考えを打ち砕いてしまったのです。

もともと松風工業は、日本を代表するガイシメーカーの一つとして立派な会社だったのですが、私が入社したころはその面影もなく、給料の遅配《ちはい》など日常茶飯で、いつ潰れてもおかしくない会社でした。

おまけに、オーナー一族の内輪もめや、労働争議が絶えず、会社近くの商店に買い物に行くと、「あんた、たいへんなところによく来たな。あんな会社におったら、嫁も来よらんで」と店主から同情される始末でした。

そのため、私たち同期入社の者は、入社したそばから、「こんな会社はイヤだ。もっといい会社があるはずだ」と、そんなことばかり考えるようになり、寄ると触ると愚痴をこぼし合っていました。

不況のさなか、恩師の紹介でやっと入れてもらった会社です。本来であれば、「ありがたい」と感謝し、会社の悪口などとても言えた義理ではないはずです。

それなのに、若く未熟な私は、紹介してくださった方への恩義を忘れ、また自分たちがまだなんの成果も上げていないにもかかわらず、不平不満だけは一人前以上に抱えていたわけです。

そして、入社して一年もたたないうちに、同期入社の者は次々に会社を辞めていきました。最後までオンボロ会社に残ることになってしまった私は、もう一人残った九州天草出身で京都大学出の俊才《しゅんさい》と相談して、自衛隊の幹部候補生学校の試験を受けることにしました。

結果は、二人とも合格。

ただ、入学するには戸籍抄本《しょうほん》が必要ということなので、鹿児島の実家に送付を頼んだところ、待てど暮らせど送ってきません。結局、その同僚だけが幹部候補生学校に入学していきました。

実家から戸籍抄本が送られてこないのには訳がありました。

後で知ったことですが、私の兄が、「苦労して大学まで進ませ、やっと先生の紹介で京都の会社に入れてもらったというのに、半年も辛抱し切れんとは情けないやつだ」と怒って、戸籍抄本を送ってくれなかったのです。

結果的に、私だけが、オンボロ会社に取り残されることになってしまったのです。

私は一人、思い悩みました。

会社を辞めて転職したからと言って、必ずしも新しい職場で成功するとは限りません。「会社を辞めて人生がうまくいった」という人もいるかもしれませんが、「会社を辞めたために、かえって悲惨な人生を送ることになった」という人もいるはずです。また、「会社に残って一生懸命にがんばったことが功を奏し、人生がうまくいった」という人もいるかもしれませんが、「会社に残ってがんばったけど、人生は思い通りにはならなかった」という人もいるはずです。

会社を辞めるのが正しいのか、会社に残ることが正しいのか――私はたいへん悩んだあげく、一つの決断をしました。

それが、「人生の転機」を呼び込むことになったのです。

たった一人、オンボロ会社に取り残されるまで追い詰められて、目がやっと覚めたのです。「会社を辞めるには、何か大義名分のような確かな理由がなければダメだ。漠然とした不満から辞めたのでは、きっと人生はうまくいかなくなるだろう」ということに、私は思い至ったのです。

そしてそのとき、会社を辞める確固たる理由も見あたらなかった私は、まずは「働くこと」に打ち込んでみようと決意したのです。

愚痴を口にし、不満を抱くことをやめて、ともかく目の前にある自分の仕事に集中し、心底没頭してみようと、腹をくくり腰を据《す》えて、はじめて「働くこと」と真正面から本気で格闘してみることにしたのです。

それからというもの、私はまさに「ど」がつくほど真剣に働き続けました。

その会社では、最先端のファインセラミックスの研究を担当していましたが、研究室に鍋釜を持ち込んで、寝泊りしながら、それこそ四六時中、研究に打ち込んだものです。三度の食事もろくに摂らず、昼夜を分かたず実験に打ち込む。

その「ど真剣」な仕事ぶりは、端から見れば、壮絶なものだったようです。

もちろん、最先端の研究ですから、ただ単に馬車馬のように働けばいいわけではありません。ファインセラミックスに関する最新の論文が掲載されているアメリカの専門誌を取り寄せ、辞書片手に読み進めていったり、図書館で借りた専門書をひもといたりするなど、仕事が終わった夜や休みの日も勉強を重ねていきました。

そうするうちに、不思議なことが起こり始めました。

大学で有機化学を専攻し、就職のため、無機化学をにわか勉強しただけの、弱冠二十歳代前半の若僧の研究なのに、次第に素晴らしい実験結果が出るようになってきたのです。

同時に、当初抱いていた、「会社を辞めたい」「自分の人生はどうなっていくのだろう」といった、悩みや迷いがウソのように消えていきました。

それどころか、「仕事がおもしろくて仕方がない」とまで感じられるようになってきたのです。そうすれば、苦労を苦労と思わず、ますます「ど真剣に」働くようになって、周囲からさらに高い評価をいただけるようになっていきました。

それまで苦難や挫折続きであった私の人生に、思いもかけず、好循環が生まれるようになったのです。

そして、私の人生において、最初の大きな「成功」が訪れたのです。

神様が知恵を授けてくれる瞬間

入社して一年ほどたった、二十四歳のときでした。

私は当時、フォルステライトと呼ばれる、新しい材料の研究開発にあたっていました。フォルステライトとは、絶縁《ぜつえん》抵抗が高く、とくに高周波域での特性に優れているファインセラミックス材料のことです。そのころ主流であったステアタイトに比べて、当時爆発的に普及し始めた、テレビのブラウン管に使う絶縁材料としては、より適していると言われていました。

しかし、合成に成功した例がなく、私にとっても会社にとっても、このフォルステライトの研究開発は、まさにチャレンジングなテーマでした。

そのため、大した設備もない中、連日連夜、それこそ徹夜続きで開発実験を続けても、なかなか思うような結果が出ません。私はもがき苦しみながら、自分をギリギリのところまで追い込み、昼夜を問わず実験を続けていました。そして、どうにか合成を成功させることができたのです。

後にわかったことですが、当時、このフォルステライトの合成に成功したのは、私以外には、アメリカのGE（ゼネラル・エレクトリック）だけでした。それだけに、私の開発したフォルステライトは大いに注目を集めました。

この高周波特性に優れたフォルステライトを材料として、最初に製品開発に取り組んだのが、松下電器産業（現パナソニック）グループの中でブラウン管の製造などを担当していた松下電子工業（当時）から受注した、「U字ケルシマ」という絶縁部品でした。

ちょうどそのころは、日本の家庭にブラウン管式のテレビが普及し始めた時期で、その電子銃の絶縁部品であるU字ケルシマの材料として、私が開発したフォルステライトが打ってつけだったのです。

このU字ケルシマの開発で一番苦労したのは、原料であるフォルステライト粉末の成形でした。さらさらの粉末では、形をつくることはできません。うどんやそばをつくるのと同じように、粘りけのある「つなぎ」が必要になるのです。従来は、粘土をつなぎとして使っていましたが、それではどうしても不純物が混ざってしまいます。来る日も来る日も、私はこの「つなぎの問題」をどうクリアするか、考えあぐねていました。

そんなある日、思いもかけないことが起きたのです。

その日、私は懸案の「つなぎの問題」を考えながら、実験室を歩いていたところ、何かに蹴躓《けつまず》いて転びそうになりました。思わず足元を見ると、実験で使うパラフィンワックスが靴にべっとりとついているのです。

「誰だ！　こんなところにワックスを置いたのは！」と叫びそうになった、まさにその瞬間です。

「これだ！」

私はひらめきました。

早速、手製の鍋にファインセラミックス原料と、そのパラフィンワックスを入れて、熱を加えながらかき混ぜて原料をつくり、型に入れて成形してみたところ、見事に形をつくることに成功しました。さらには、それを高温の炉に入れて焼くと、つなぎのパラフィンワックスはすべて燃え尽きてしまうので、完成品のU字ケルシマには不純物がまったく残っていません。

あれだけ悩み抜いた懸案が、一気に解決していったのです。

今思い返してみても「神の啓示」としかたとえようのない瞬間でした。

もちろん、実際に解決策がひらめいたのは私自身です。しかし、それは一生懸命に仕事に打ち込み、苦しみ抜いている私の姿を見た神様が憐《あわ》れみ、知恵を授けてくれた、そう表現するしかできないように思うのです。

私は、そんな経験をいく度も積んできたために、その後、ことあるごとに社員をつかまえては、「神様が手を差し伸べたくなるほどに、一途《いちず》に仕事に打ち込め。そうすれば、どんな困難な局面でも、きっと神の助けがあり、成功することができる」と、よく話したものです。

私が開発したU字ケルシマはその後、テレビのブラウン管の製造に欠かせない部品として、松下電子工業から大量の発注を受け、傾きかけた会社を救う起死回生の商品として、全社の期待を一身に集めることになりました。

このときの技術、実績が、その後の京セラ発展の礎《いしずえ》となったと言っても過言ではありません。また、この「最初の成功体験」によって、私は苦難の中にあっても、懸命に働くことが、素晴らしい運命をもたらすということを、幸いなことに実感することができました。

「あいつは、かわいそうだ」――。

人間というのは、周囲からこう言われるくらい不幸な境遇に、一度は置かれたほうがいいのかもしれません。

ちょうど冬の寒さが厳しければ厳しいほど、桜が美しい花を咲かせるのと同じように、悩みや苦しみを体験しなければ、人は大きく伸びないし、本当の幸福をつかむことができないのでしょう。

私の場合も、人生において経験してきた、数え切れないくらいたくさんの苦労や挫折は、ちょうどオセロの石が一気に黒から白に返るかのように、後にすべて成功の土台となってくれました。今、振り返ると、過去に苦しいと思えたことが、後になっていい結果を招いていることに気づかされるのです。

そう考えれば、人生における苦難や挫折、それこそが私の人生の起点であり、最大の「幸運」であったのかもしれません。

たとえば、私が赤字続きの松風工業に入社し、同期の中でただ一人取り残されたとき、「稲盛君はかわいそうだ。大学の成績もよかったし、よく勉強もしていたのに、あんなボロ会社でくすぶっている。運のない男だ。この先、彼の人生はどうなっていくのだろう」——友人たちは、そんな同情とも揶揄《やゆ》ともつかない言葉で、私のことを評していました。

私自身、同僚たちが自分の才覚で進路を開いていったのに比べて、自分だけが行くあてもなく、たった一人でさえない会社にくすぶり続ける他はない——この絶望感に心を押し潰されていました。

しかし、今にして思えば、この不運、試練こそが、私に仕事に打ち込むことを教え、そのことを通じ、人生を好転させてくれたという意味では、神様が与えてくれた最高の贈り物だったのです。逆境にあっても、愚直に懸命に働き続けたことが、今の私のすべてをつくる基礎となってくれたのです。

もし、苦難や挫折を知らず、有名校に入学し、大企業に就職していたら、私の人生はまったく異なったものになっていたでしょう。

順境なら「よし」。逆境なら「なおよし」――。自分の環境、境遇を前向きにとらえ、いかなるときでも、努力を重ね、懸命に働き続けることが大切なのです。

一見不幸なように見えて、じつは幸せなこと

懸命に働くことが、想像もできないほど、素晴らしい未来を人生にもたらしてくれるということを頭でいくら理解しても、もともと人間は、働くことが嫌いです。「仕事は嫌いだ」「できれば働きたくない」という気持ちが、どうしても頭をもたげてきます。

それは、元来人間が放っておけば易《やす》きに流れ、できることなら苦労など避けてでも通り過ぎてしまいたいと考えてしまう生き物だからです。そのような本能に根ざした、

安楽を求める習性のようなものは、戦前戦中時代に育った私などにとっても、また現代という豊かで平和な時代を謳歌する若者にとっても、基本的に変わりはないように思います。

今と昔が大きく異なるのは、かつて私たちの時代には、イヤイヤながらでも働かざるを得ないような状況があったということかもしれません。

私が青年時代を過ごしたころの日本は、今よりもはるかに厳しい社会環境にあって、好むと好まざるとにかかわらず、一生懸命に働かなくては、とても食べていくことさえできませんでした。

また、今のように、自分の好きな仕事、自分の適性に合った職場を求めるなどということも難しいことでした。職のえり好みなどせず、無条件に親の仕事を継ぐか、働けるところがあれば、どんな仕事であれ従事するのが当たり前でした。さらに一度就職した会社を簡単に辞めるようなことも、社会通念上からはけっしてよしとされていませんでした。

つまり、働くこと、働き続けるということは、本人の意思とは無関係に存在する、一種の社会的要請、あるいは義務であり、そこに個人の裁量や思惑《おもわく》が働く余地は、ほとんど存在しなかったのです。

そのようなことは、今の時代と比較して、一見不幸なように見えて、じつは幸せなことだったのかもしれません。なぜなら、いやおうなく働き続けることで、誰もが知らず知らずのうちに、人生から「万病に効く薬」を得ていたからです。

すなわち、イヤイヤながらでも必死に働くことを通じて、弱い心を鍛え、人間性を高め、幸福な人生を生きるきっかけをつかむことができていたのです。

まず働くことが大切

現在は、平和で豊かな時代となり、仕事を強要されることがなくなってしまいました。そのような現代において、懸命に働くことをせず、怠惰《たいだ》に生きることが、人生に何をもたらすのかということを、改めて真剣に考えるべきです。

たとえば、あなたが宝くじに当たって、一生、遊んで暮らせるだけの大金が手に入ったとしましょう。

しかし、その幸運が本当の幸福をもたらしてくれるものではないことに、必ず気づくはずです。

目標もなく、働くこともせず毎日遊んで暮らせる。そのような自堕落《じだらく》な生活を長年続ければ、人間として成長することもできないどころか、きっと人間としての性根《しょうね》を腐らせてしまうことでしょう。そうすれば、家族や友人などとの人間関係にも悪い影響を与えることでしょうし、人生で生きがいややりがいを見つけることも難しくなると思います。

安楽が心地よいのは、その前提として、労働があるからに他なりません。毎日、一生懸命に働き、その努力が報われるからこそ、人生の時間がより楽しく貴重に感じられるのです。

懸命に働いていると、その先に密《ひそ》やかな喜びや楽しみが潜んでいる。ちょうど長い夜が終わり、夜明けのときが訪れるように、喜びや幸福が苦労の向こうから姿を現してくる、それが労働を通じた人生の姿というものなのです。

今から四十年近く前、京セラがはじめて、株式上場を果たしたときのことです。それまでの懸命な努力が社会から認められたこと、また徒手空拳《としゅくうけん》で創業した会社が、一流企業の仲間入りができたことで、私はまさに感無量の思いに浸っていました。

すると、「資産もできたことでしょうから、ここらで一息入れて、これからは趣味や余暇にも楽しみを見つけられたらどうですか？」と、遊んで暮らす気楽な人生をすすめてくれる人がいました。

たしかに、最近のベンチャー企業の経営者の中には、才覚を活かし事業を伸ばして、早期に株式上場を果たし、自分の持株を市場に売り出して、巨万の富を手にする人がいます。そして、三十歳代や四十歳代にもかかわらず、仕事からリタイアをすることを考えるのです。

私は京セラを上場したとき、自分の持株を一株も売却することなく、新規に株式を発行して、その売却益はすべて会社に入るようにしました。また、当時私は三十歳代後半を迎えていましたが、上場を機に「これまで以上にひたむきに働こう」と思ったものです。

なぜなら、上場したからには、それまでのように社員やその家族のことばかりではなく、一般の投資家の方々の幸せまでも考えなければならなくなるからです。「一息入れる」どころか、責任がより大きく、より重くなったわけです。

つまり、上場はゴールではなく、あくまでも新たなスタート地点であり、企業はその後もさらに発展していかなければなりません。

だからこそ、私は上場のとき、「創業のときの初心に返って、さらに社員と一緒に汗みどろ、粉まみれになって、がんばろう！」——そのように社員に説き、また自分自身、決意を新たにしたことを今もよく覚えています。

「愚直に、真面目に、地道に、誠実に」働け

人が易きにつき、おごり高ぶるようになってしまいがちなのは、人間が煩悩《ぼんのう》に満ち

た生き物であるからです。そのような人間が、心を高めていこうとするときに大切なのが、悪《あ》しき心を抑えることです。

人間の煩悩は、百八つもあると言われています。

中でも「欲望」「怒り」「愚痴」の三つは、卑しい心、つまり人間を苦しめる煩悩の最たるもので、心にからみついて離れず、取り払おうとしてもなかなか拭《ぬぐ》い去ることはできません。

お釈迦様は、この三つを「三毒《さんどく》」と呼ばれ、人間を誤った行動に導く諸悪の根源だとされています。

「人よりも多くの金銭を手にしたい」「人よりも高く評価されたい」――このような「欲望」は誰の心にも潜んでいて、それがかなわないとなると、人は「怒り」を覚え、「なぜ思った通りにならないのか」と「愚痴」や「不平不満」をこぼすようになる。人間とは、つねにこの三毒に振り回されて生きている、因果な生き物なのです。

生きていくうえで、この三毒をまったくゼロにすることは不可能なことです。なぜなら、三毒は、肉体を持った人間が生きていくためにはどうしても必要な心だからです。人間が生物として生きていくうえで必要だからと、自然が本能として与えてくれたものなのです。

たとえば、自分という存在を守り、維持していくためには、食欲をはじめとする「欲望」や、自分を攻撃する者への「怒り」、さらには自分が思うような状態でないことに対する「不満」などを払拭《ふっしょく》することはできません。

しかし、それが過剰になってはいけないのです。

だからこそ、三毒を完全に除去できないまでも、まずはその毒素を薄めるように努めていかなければならないのです。

そのための唯一無二の方法と言っていいのが、一生懸命に「働くこと」なのです。

自分に与えられた仕事に、愚直に、真面目に、地道に、誠実に取り組み続けることで、自然と欲望を抑えることができます。夢中になって仕事に打ち込むことにより、怒りを鎮《しず》め、愚痴を慎むこともできるのです。また、そのように日々努めていくことで、自分の人間性も少しずつ向上させていくことができるのです。

その意味では、「働くこと」は、修行に似ています。実際に、お釈迦様が悟りに至る修行として定めた「六波羅蜜《ろくはらみつ》」という六つの修行がありますが、その一つである「精進《しょうじん》」とは、まさに懸命に働くことなのです。

ひたむきに自分の仕事に打ち込み、精魂込めて、倦《う》まずたゆまず努力を重ねていくこと。それがそのまま人格練磨のための「修行」となって、私たちの心を磨き、人間を成長させてくれるのです。そして、そのように「心を高める」ことを通じてこそ、私たちはそれぞれの人生を深く値打ちあるものにすることができるのです。

反省ある毎日を送る

人生では、心を高めていこうとしても、言うは易《やす》く行なうは難《かた》しで、実践することはけっして簡単ではありません。

悲しいかな、人間とはいくら善いことを思い、善いことを行なおうと思っても、ついつい至らぬことをしてしまうものです。よほどの聖人君子《せいじんくんし》でなければ、善い考え、善い行ないを貫けるものではありません。

それは、かく言う私も同様です。

ともすれば悪い心にとらわれがちな自分を戒めるために、私はいつのころからか、一つの自戒《じかい》の儀式を自分に課しています。

おごり高ぶり、慢心、そういう悪い思いが、自分の中で頭をもたげてきたときには、すぐに反省の機会を持つように、若いころから努めているのです。

たとえば、少しいばったようなことや、調子のいいことを言ってしまったとき、また自分の努力が足らなかったときなどには、夜遅くホテルや家に帰ってから、あるいは翌朝目覚めてから、洗面所の鏡に向かい、

「バカモンが」

と、自分を厳しく叱りつけるのです。すると続いて、

「神様、ごめんなさい」

という反省の言葉が口をついて出てきてしまうのです。

こうやって自省自戒をして、明日からはまた謙虚な姿勢で、やり直そうと心に言い

聞かせる。そういう習慣がいつのまにか身についてしまっているのです。この習慣が、軌道修正の役割を果たし、私の人生は今まで、大きく逸脱することはなかったのです。

大事なことは、善きことを思い、善きことをしようと努めながらも、もし悪いことを思い、悪いことをしてしまったなら、謙虚に反省をすることです。反省することでこそ、人は少しずつでも向上することができるのです。

今日、自分がやったことを素直に反省し、明日からやり直そうと心に誓う。そんな反省のある毎日を送ってこそ、私たちは仕事において失敗を回避できるだけでなく、人生において心を高めていくことができるのです。

2
章

「仕事を好きになる」ように働く

——いかに仕事に取り組むか

「心の持ち方」を変える

私ももともとは、どこにでもいるような、一生懸命に根《こん》を詰めて努力することは苦手な、むらっ気のある青年だったように思います。

そのような青年が、五十年という長い時間、ひたむきに働いてこられたのは、どうしてなのでしょうか。

それは、私が自分から仕事を好きになろうと努めたからです。「心の持ち方」を変えるだけで、自分を取り巻く世界は劇的に変わるのです。

先にもお話ししたように、私はファインセラミックスの研究という仕事を、最初から望んでいたわけではありません。大学では当時花形の有機化学を専攻していたのに、就職活動がうまくいかず、ガイシをつくっていた、松風工業という無機化学系のメーカーにしか就職できなかったので、やむなくファインセラミックスの研究に携わったようなものです。

入社した当初、私が配属されたのは総勢五～六人しかいない研究室で、私以外の研究部員は、会社の中核事業であった、ガイシの材料である磁器の改良改善に携わっていました。新人の私だけが「将来、エレクトロニクス分野向けの高周波絶縁材料が必要になるはずだ」ということから、新しいセラミックス材料（後にファインセラミックスと私が命名する）の研究に従事することになったのです。

この分野は当時、まだ未知の分野であったことから、確立された文献もなく、また貧乏な会社でもあったために、研究設備も十分に整っていませんでした。さらに指導してくれる上司や先輩がいるわけでもなく、そのような環境で「仕事を好きになれ」というほうが無理なことでした。

しかし、転職することもかなわず、そんな会社で働かざるを得なくなった私は、「心の持ち方」を変えることにしました。「この仕事に打ち込もう」と自分に言い聞かせるように努めたのです。すぐに仕事が好きにならずとも、少なくとも「この仕事が嫌いだ」というネガティブな感情だけは自分の心から追い払って、目の前の仕事に全力を注いでみることを決意したのです。

これは、今思えば、「仕事を好きになろう」と努めることであったのかもしれません。

しかし、当時の私は、そんなことを知るよしもありません。

ファインセラミックスに関する基礎知識をほとんど持ち合わせていない私は、まず大学の図書館に出かけて、関連の文献をあさることから始めました。

コピー機などない時代だったので、業界誌や大学の紀要《きよう》などのバックナンバーをひもといて、重要な箇所を見つけては、せっせとノートに書き写していきました。また、乏しいふところをはたいて研究書を購入したり、アメリカのセラミックス協会の論文を取り寄せ、辞書と首《くび》っ引《ぴ》きで訳したりしながら、ともかくファインセラミックスの基礎知識を得るところから仕事をスタートさせていったのです。

そこで得た情報をもとに実験を行ない、その実験結果に、さらに新しい知見《ちけん》をつけ加えて、再度実験を行なう——当時の私の仕事は、そのような地道な作業の繰り返しでした。

そうするうちに、いつのまにか私はすっかりファインセラミックスの魅力に取りつかれていきました。また、ファインセラミックスという素材が素晴らしい可能性を秘めていることも次第にわかってきました。

「このような研究をしているのは、大学にもいないだろう。世界で私一人かもしれない」――そう思うと、地味な研究も輝いて見えるようになっていきました。

なかば無理に自分に強いて始めたものが、やがて自分から積極的に取り組むほど好きになり、さらには好きとか嫌いとかという次元をはるかに越えて、意義さえ感じるようになっていったのです。

「天職」とは出会うものではなく、自らつくり出すものなのです。

仕事に「恋をする」

恋をしている人は、他人が唖然《あぜん》とするようなことを、平然とやってのけるものです。

このことは、一度でも恋をしたことのある人であれば、わかるはずです。働きづめだった若いころの私も、そのような感情と無縁だったわけではありません。

京セラを創業する前、忙しい研究の合間のたまの日曜日——。ときに、親しい女性を誘って映画を見に行くことがありました。その帰り道、彼女を家まで送っていくとき、電車にそのまま乗っていけば簡単に帰れるのに、わざわざ一駅手前で降りて、二人で話しながら、ゆっくりと遠い道のりを歩いて帰ったことが何度もあります。

毎日毎日、夜遅くまで仕事をしていましたから、身体は疲れていたはずです。それにもかかわらず、遠い道のりを歩くことが全然苦にならない。それどころか、たいへん楽しく、逆に元気が出たような気がしたものです。

「惚《ほ》れて通えば千里も一里」という言葉がありますが、そのとき私は、それはまさに真実だと思ったものです。

仕事も同様です。仕事に惚れて、好きにならなければなりません。

他人からは、「あんなにつらく、あんなに厳しい仕事は、たいへんだろう。とても続かない」と思われるような場合も、惚れた仕事なら、好きな仕事なら耐えられるはずです。

仕事に惚れる――。

仕事を好きになる――。

だからこそ、私は長い間、厳しい仕事を続けることができたのです。

人間は、好きな仕事ならば、どんな苦労も厭《いと》いません。そして、どんな苦労も厭わず、努力を続けることができれば、たいていのことは成功するはずです。つまり、自分の仕事を好きになるということ――この一事で人生は決まってしまうと言って過言ではありません。

充実した人生を送るには、「好きな仕事をするか」「仕事を好きになるか」のどちらかしかないのです。しかし、好きな仕事を自分の仕事にできるという人は、「千に一人」も「万に一人」もいるものではありません。また、希望する会社に入社することができたとしても、希望する職場に配属され、希望する仕事に就ける人など、ほとんどいないはずです。

大半の人は、人生の門出を「好きでもない仕事」に就くことから、スタートすることになるのではないでしょうか。

しかし問題は、多くの人が、その「好きでもない仕事」に不承不承《ふしょうぶしょう》、従事し続けていることです。与えられた仕事に不平不満を持ち続け、愚痴や文句ばかりを言っている。それでは、素晴らしい可能性を秘めた人生を、あたらムダにしているようなものです。

なんとしても、仕事を好きにならなければなりません。

「与えられた仕事」を、まるで自分の天職とさえ思えるような、そういう心境にしていくことが大切なのです。「仕事をやらされている」という意識を払拭《ふっしょく》できないうちは、働く「苦しみ」を逃れることはできません。

私は、若い人たちに強調したいのです。

「自分の好きな仕事を求めるよりも、与えられた仕事を好きになることから始めよ」と。自分の好きな仕事を求めても、それは「青い鳥」を探しているようなものです。そのような幻想を追うよりも、目の前の仕事を好きになることです。

好きになれば、どんな苦労も厭わず、努力を努力と思わず、仕事に打ち込めるようになる。仕事に打ち込めるようになれば、おのずと力がついていく。力がついていけば、必ず成果を生むことができる。成果が出れば、周囲から評価される。評価されれば、さらに仕事が好きになる。

こうして好循環が始まるのです。

まずは、自分の強い意志で仕事を好きになる。他に方法はありません。そうすることで、人生は実り豊かなものになっていくのです。

感動が新たなエネルギーを与えてくれる

「仕事を好きになる」「仕事を楽しむ」とは言っても、あたかも修行僧が荒行《あらぎょう》をするかのような、苦しいことばかりでは長続きするはずがありません。

やはり、仕事の中に喜びを見出すことも必要です。

私の場合、研究がうまくいくと素直にそれを喜び、成果を人から褒められると率直に感激し、そのようなうれしさを糧として、さらに仕事に打ち込んでいきました。

思い出すのは、社会人となって二年目、一生懸命に実験のデータを測定していたときのことです。

当時、私には、京都の進学校の高校を卒業して、家庭の事情からやむなく就職した研究助手がついていました。

なかなか頭のいい男でしたので、毎日、私は彼に実験データの測定をしてもらっていました。「この材料はこういう物性を出すだろう」と私が予測して実験し、彼にそのデータを測定してもらっていたわけです。

生来《せいらい》、私には単純なところがあります。

そのせいか、実験をして思った通りの測定データが出たりすると、うれしくてたまらず、ピョンピョンと飛び上がっては喜んでいたものでした。

すると、私の助手は、そんな私を冷ややかな目で横から見ているのです。

ある日のこと、頭から冷水《ひやみず》を浴びせかけられるようなことがありました。

例によって私が飛び上がって喜びながら、測定をしている彼に「おい、おまえも喜べ」と言ったところ、彼は私をジロッと見て次のように言ったのです。

「稲盛さん、失礼なことを申し上げますが、男が飛び上がって喜ぶようなことは一生のうちに何回もあるわけがありません。ところがあなたを見ていると、しょっちゅう飛び上がって喜んでいる。しかも、私にまで『喜べ』と言う。軽薄と言うか、軽率と言うか。私はそういう人生観を持ち合わせていないのです」

私はそのとき、背筋がゾッとしたのを覚えています。

たしかに理性的と言っていいのでしょうが、私にはどうしても納得がいかず、次の瞬間、次のように言い返していました。

「何を言うんだ。ささやかなことに喜びを感じ、感動できるということは素晴らしいことなんだ。地味な研究を続けていくためには、いい成果が上がったときに素直に喜ばなければならない。その喜び、感動が新たなエネルギーを与えてくれる。とりわけ、研究費も少なく、けっして恵まれていない環境で研究を続けなければならないわれわれは、そのようなささやかなことでも喜ぶことで、新たな勇気をかき立てることができる。だから、君にいくら軽薄、軽率と言われても、私は今後も、ささやかな成功を喜びながら、仕事に邁進《まいしん》していくつもりだ」

われながら「入社二年目にしては、なかなかいいことを言うものだ」と思ったものです。ただ、残念なことに、その言葉は私の助手には通じず、結局、彼はその二年後に、ひっそりと会社を辞めていきました。

彼が私の言うところを理解し、ともに働いてくれていたら、どうなっていたのかと思います。

若い読者のみなさんにはぜひ、仕事の中に、ささやかなことに喜びを感じ、感動する心を持って、素直に生きていただきたいと思います。その感動から湧き上がってくるエネルギーを糧に、さらに懸命に働く――それこそが長丁場の人生を強く生きていく、最良の方法だと、私は確信しています。

「製品を抱いて寝たい」という思い

「自分の製品を抱きしめたい」――。

私は、製品開発にあたって、いつもそう思っていました。

自分の仕事、自分の製品に対し、それくらいの愛情を注がなければ、いい仕事などできないのではないでしょうか。

「仕事は仕事、自分は自分」と割り切って、距離を置いて働くことと向き合う。最近の若い人にはそうした傾向があるようです。しかし本来、いい仕事をするためには、仕事と自分の距離をなくして、「自分は仕事、仕事は自分」というくらいの不可分の状態を経験してみることが必要です。

すなわち、心と身体ごと、仕事の中に投げ入れてしまうほど、仕事を好きになってしまうのです。いわば仕事と「心中」するくらいの深い愛情を持って働いてみないと、仕事の真髄をつかむことはできません。

京セラが創業して間もないころ、放送機器用の真空管を冷却する水冷複巻蛇管《すいれいふくまきじゃかん》というものをつくったことがありました。従来、その蛇管を生産していた企業に技術者がいなくなってしまったため、京セラに注文があったのです。

ただ、それまで小さなファインセラミックス製品しかつくったことのない京セラにとって、蛇管は大きすぎる製品（直径二十五センチ、高さ五十センチ）であるうえに、オールドセラミックス、いわば陶磁器でした。また、大きな管の中を小さな冷却管が通るといった、複雑な構造も持っていました。

そのような製品の製造ノウハウはもちろん、生産設備もありません。

それなのに、お客様の熱意にほだされ、つい「できます」と言ってしまったのです。しかし、いったんお引き受けした以上、お客様にはけっしてウソをつくことはできません。どうしてもやらなければならなくなってしまったのです。

この製品をつくるために、たいへんな苦労を経験しました。

たとえば、原料は一般の陶磁器と同じ粘土を使うのですが、何せサイズが大きいために、製品全体を均一に乾燥させることがきわめて難しいのです。最初のうちは、成形、乾燥というプロセスを経る段階で、必ずと言っていいほど乾燥ムラが生じ、先に乾燥した部分にクラック（ひび）が入ってしまいました。

乾燥時間が長すぎるのかもしれないと考え、短縮する工夫をしてみたのですが、やはりクラックを防ぐことができません。あれこれ試行錯誤を重ねた末、まだ乾き切らない柔らかい状態の製品をウェス（ボロ切れ）で巻き、その上から霧を吹きかけてじわじわと全体を均一に乾燥させるという方法を編み出しました。

しかし、問題はまだありました。やはり製品のサイズが大きいために、乾燥に時間をかけすぎると、今度は製品自体の重みで形が崩れてしまうのです。これもさまざまな方法を試しました。

その結果、私はこの蛇管を「抱いて寝る」ことにしたのです。

つまり、窯《かま》の近くで適当な温度の場所に私が横になり、そっと蛇管を胸に抱いて、夜中じゅう、それをゆっくりと回すことで形崩れを防ぎながら乾かす方法を取ったのです。

はた目には、さぞかし異様な光景だったことでしょう。

しかし、私は、「なんとかこの製品を一人前に育てたい」と、まるで自分の子どもの成長を願うように、深い愛情を製品に抱いていました。だからこそ、夜を徹して蛇管を抱いていることができたのです。

そのような涙ぐましい取り組みの結果、私はなんとか水冷複巻蛇管を無事完成させることができました。

製品を抱いて寝る――たしかに垢抜けないし、効率的とは言えないやり方です。今という時代は、そうした泥臭さや非効率さを嫌いもします。

しかし、いくらクールな時代になり、自分の手を泥まみれ、油まみれにしながら働くということが流行らなくなったとしても、「自分のつくった製品を抱いて寝る」くらいの愛情を持って、自分の仕事と向き合わない限り、難しいテーマや新しいテーマに挑戦し、それをやり遂げていくという、仕事の醍醐味を心の底から味わうことはできないはずです。

「製品の泣き声」に耳を澄ませてみる

仕事が好きになれば、あるいは自分のつくっている「もの」を好きになることができれば、何か問題が発生したときでも、必ず解決方法が見えてくるものです。

たとえば、ものづくりでは、製品の歩留《ぶど》まり（全投入数に対して良品が取れる割合）がなかなか向上せず、壁にぶち当たるようなことが珍しくありません。そのようなときは、製造現場へまずは足を運んでみる。そして、愛情を持って、謙虚な目で製品をじっと観察してみることが大切です。

すると、神の声にも似た「製品の泣き声」が必ず聞こえてきます。

つまり、製品の不良や機械の不具合が自然と見えてきて、製品のほうから、また機械のほうから、「こうしたらどうだ」と問題解決の糸口をささやきかけてくれるのです。

それはちょうど、患者の体調を知るために医師が聴診器で心拍音を聞くのに似ています。優れた医師であれば、心拍音や心拍数の異変から、立ちどころに患者の身体の異常を感知します。

それと同様に、製品の声に耳を傾け、その細部に目を向けることで、不良の原因、ミスの要因がおのずとわかってくるものです。

京セラがつくっていた製品は、エレクトロニクス分野向けの小さいものが多く、不良品を見つけることは容易ではありませんでした。

当時、私は医師が聴診器を携えて診療室に入るように、いつも製造現場にルーペを持っていきました。そのルーペは、複数枚のレンズが組み合わされ、レンズを一枚出せば五倍、二枚出せば十倍の倍率に拡大されるというものでした。

私はいつも、そのルーペを通して、焼き上がった製品を一つひとつなめるようにていねいに、慎重に観察していきました。

小さな欠けが見つかれば、それだけで不良品です。またファインセラミックスは純白でなければならないのに、小さなゴマ粒のような黒点が表面にあれば、これも不良品です。

ルーペを片手にじっと観察していく。それは、製品の〝泣き声〟に静かに耳を傾けていたのかもしれません。

もし不良品が見つかったなら、つまり製品の泣く声が聞こえてきたら、「この子はいったいどこが痛くて泣いているのだろう。このケガはどこでしたのだろう」と考えていました。

そのように製品の一つひとつを、まるで自分の子どもでも見るかのように、愛情を込めて観察していくと、必ずと言っていいほど、問題解決や歩留まり向上につながるヒントを得ることができました。

このようなこともありました。

ファインセラミックスは、原料の粉末を固めて形をつくり、それを焼成炉《しょうせいろ》に入れ、温度を上げて焼いていきます。

陶磁器が千二百度くらいの温度で焼くのに対して、ファインセラミックスは千六百度という高温で焼き固めていくのです。千六百度という高温の世界では、炎は赤色ではなく、見た瞬間、目を刺すような痛みが走るくらいのまばゆい白色をしています。

成形したファインセラミックスを、そのような高温状態で焼成していくと、製品は少しずつ収縮していきます。収縮率が大きい場合、サイズでは二割くらい縮みますが、その縮み方も均一でなくてはなりません。少しでもバラツキがあると、それは不良品となってしまいます。

また、板状のファインセラミックス製品などを焼くと、最初のころはあっちに反ったりこっちに反ったりして、まるでスルメみたいな製品しかできませんでした。「ファインセラミックスがなぜ反ってしまうのか」といったことは、研究文献には書いていないので、いろいろと仮説を立てては実験を繰り返すことになりました。

そのうち、原料を金型に入れてプレスすると、上の面と下の面では、圧力のかかり方が異なるため、原料粉末の充塡《じゅうてん》密度が違っていることがわかりました。実験を重ねた結果、密度の低い下の面のほうの縮み方が大きく、そのために反ってしまうことが判明したのです。ただ、反りが生じるメカニズムがわかっても、なかなか粉末の密度を一定にすることができません。

そこであるとき、いったいどのように反っていくのか、その様子を見ようと、炉の裏に穴を開け、そこから中をのぞいてみました。どのくらいの温度でどのように反っていくのか、その変化をじっと観察することにしたのです。

やはり、温度が上昇するにつれて、ファインセラミックスの板は反っていきます。条件を変えて何回も試みるのですが、どうしても、まるで生き物のように反っていきます。

見ていて耐えられなくなり、つい、穴から手を入れて、上から押さえたい衝動に駆られました。

もちろん、そんなことをすれば、炉の中は千何百度という高温ですから、手は一瞬で溶けてしまいます。それはわかっているのですが、高温の炉に思わず手を突っ込みそうになるくらい、この問題をなんとしても解決したいと考えていたのです。

しかし、炉の中に手を入れて押さえたいと思ったその瞬間、ふと「高温で焼成しているときに製品を上から押さえれば、反りは生じないはずだ」ということに気づきました。

そこで、耐火性の重しを製品の上に載せて焼成してみることにしたのです。

その結果、見事なまでに平らな製品が完成しました。

この例のように、仕事への愛情ほど有能な教師はいません。

仕事に行き詰まったり、やり方に迷ったりしたら、愛情を持って、現場に行き、あらゆることを素直な目で見つめ直すことです。

そうすれば、必ず問題解決のヒントや、新たな挑戦への飛躍台となる、確かな「ささやき」が聞こえてくるはずです。

「自燃性の人」となる

物質には、「可燃性」「不燃性」「自燃性《じねん》」のものがあります。

同様に、人間のタイプにも火を近づけると燃え上がる「可燃性」の人、火を近づけても燃えない「不燃性」の人、自分からカッカと燃え上がる「自燃性」の人がいます。

何かを成し遂げようとするには、「自ら燃える人」でなければなりません。

自ら燃えるためには、自分のしていることを好きになると同時に、明確な目標を持つことが必要です。

私のような経営者であれば、自分の会社をこうしよう、ああしようとつねに考えています。仕事に就いたばかりの若い人も、自分の将来に夢を描き、こうなりたい、ああなりたいと考えていることでしょう。

しかし中には、ニヒルと言うか、冷め切った顔をして、まったく燃え上がってくれない若者がいます。周囲がいくらカッカと熱くなっていても燃え上がらないどころか、相手の熱まで奪ってしまいそうな、「氷のような人間」がときたまいるものです。

こういう人間は困りものです。

企業の場合でも、スポーツチームの場合でも、そのような燃えてくれない人が一人でもいると、全体が沈滞した雰囲気になってしまいます。だから、私はよくこんなことを思ったものです。

「『不燃性』の人は会社にいてもらわなくても結構だ。私が近づかなくても勝手に燃えてくれる『自燃性』の人であってほしい。少なくとも燃えている私が近づけば一緒になって燃える『可燃性』の人でなくてはならない」

「自燃性」の人とは、「人から言われたから仕事をする」「命令されたから仕事をする」といったような人ではありません。「言われる前に自分からやる」という、積極的な人こそが、「自燃性」の人であり、それは仕事を好きになった人であるはずです。

持てるエネルギーを限りなくかき立て、仕事に邁進《まいしん》するためにも、仕事を好きになり、自燃性の人となることが必要なのです。

「渦の中心」で仕事をする

会社など集団の中で仕事を円滑に進めていくには、それがどんな仕事であれ必ず、エネルギッシュに中心的役割を果たしてくれる人が必要となります。

そのような人を中心にあたかも上昇気流が湧き起こるかのように、全員を巻き込んで組織が大きく動いていく。そんな自分から積極的に仕事に向かい、周囲に働きかけ、仕事をダイナミックに進めていける人を、私は「渦の中心で仕事をしている人」と表現しています。

仕事というものは、自分一人ではできません。上司、部下をはじめ、周囲の人々と協力してはじめて、いい仕事となります。

しかし、自分が渦の中心とならず、渦の周囲をぐるぐる回っているだけでは、仕事の本当の喜びを感じ取ることは難しくなります。自分が渦の中心になり、積極的に周囲を巻き込んでいってこそ、仕事の醍醐味を存分に味わい尽くすことができるのです。

どのようにして、「渦」を巻き起こすのでしょうか。

頼まれてもいないのに、何かやろうと自分から言い出す、いわゆる「言い出しっぺ」が、必ず組織の中にはいるものです。

それは、幹部や先輩に限りません。若くても先輩たちを集めて、そう切り出す者がいます。

たとえば、「今月の売上を伸ばす」というテーマがあるとします。

そのとき、まだ入社したばかりの若い社員であっても、「先輩、売上を伸ばそうと社長が言っておられますが、今日の定時後にみんなで集まって、どうすれば伸ばせるか検討してみませんか」と言い出すようであれば、もうその人間が「渦の中心にいる人」であり、集団のリーダーなのです。

「いい格好をしたい」から切り出すのではなく、仕事が好きで、純粋な「問題意識を持っている」から、そうできるだけのことです。

仕事を好きになることで、指示に従って動くのではなく、自分から「渦をつくっていく」という気持ちで働くこと。

つまり、自燃性の人になることで、仕事で素晴らしい成果を収め、人生を豊かなものにすることができるのです。

3章

「高い目標」を掲げて働く

――誰にも負けない努力を重ねる

「高い目標」を掲げ続ける

京セラは、京都市中京区《なかぎょうく》の西ノ京原町《にしのきょうはらまち》という京都のはずれにあった、ある配電盤メーカーの倉庫を間借りして、従業員二十八名で創業しました。

当時、私はそのわずかな従業員たちを前に、

「この西ノ京原町で一番の会社になろう。西ノ京原町で一番になったら、中京区で一番の会社を目指そう。中京区で一番になったら、次は京都で一番。京都で一番が実現したら、日本一になろう。日本一になったら、もちろん世界一だ」

と、ことあるごとに語りかけていました。

ただ実際には、「世界一」はおろか、町内で一番も、そう簡単なことではありませんでした。

狭い町ではありましたが、当時、西ノ京原町には、立派な会社があったのです。

最寄りの駅から京セラへ来る道すがらに、自動車の整備に使うスパナやレンチをつ

くっている、京都機械工具というメーカーがありました。そのころ、勃興《ぼっこう》しつつあった自動車産業に歩調を合わせ、朝から晩まで一日中、機械がうなりを立てているような、活気のある会社でした。

創業したばかりで意気に燃えていたばかりか、努力を怠ればもう明日はないという危機感もありましたから、私たちは夜を日に継いでがんばっていました。しかし、ようやく夜中に仕事を終えて、その会社の前を通りかかると、いつも煌々《こうこう》と灯りがつき、多くの人が働いているのです。京セラよりはるかに大きな会社がそこまで働いていたわけですから、「西ノ京原町で一番」になることさえ、並たいていなことではありませんでした。

それでも私は、「西ノ京原町で一番の会社になろう」と従業員に語り続けました。さらには、「西ノ京原町で一番になったら、今度は中京区で一番の会社になろう」と、より大きな夢を語り続けました。

中京区には、当時すでに京都を代表するメーカーであり、近年もノーベル賞受賞者を出したことで知られる、島津製作所がありました。中京区で一番になるには、その島津製作所を抜かなければならないのです。

もちろん、確かな目算などあったわけではありません。当時の京セラの規模や力量から言えば、まったく身のほど知らずのものでしかありません。

しかし、たとえ身のほど知らずの大きな夢であっても、気の遠くなるほどの高い目標であっても、それをしっかりと胸に抱き、まずは眼前《がんぜん》に掲げることが大切なのです。なぜなら、人間には、夢を本当のものにしてしまう、素晴らしい力があるからです。

京都一、日本一の企業となると思い続けているうちに、いつのまにか自分自身でもそれが当たり前のように思えてきました。また、それは従業員にとっても同様で、いつのまにか、とてつもない目標を私と共有し、果てしのない努力を日々重ねてくれました。

そのような日々が、私たち京セラを、創業当初、誰も予想だにできなかったところまで導いてくれたのです。高い目標とは、人間や組織に進歩を促してくれる、最良のエンジンなのです。

まず「思わなければならない」

私は若いころ、松下幸之助さんが講演会でおっしゃった言葉に、たいへん感銘を受けたことがあります。

それは「ダム式経営」についてのお話でした。

京セラを創業したころ、私は経営の素人でしたので、成功した経営者から経営の秘訣を学びたいと考えていました。ちょうどそのころに、幸之助さんの講演会の案内をいただき、「経営の神様」と言われる方は、いったいどのような考え方で経営をしておられるのか、それを知りたいという一心で申し込み、期待に胸をふくらませて講演会場に出かけていきました。

当日は、仕事の都合で着くのが遅れ、私は会場の一番後ろで、立って講演を聞くことになりました。

「景気がよいときに、景気がよいままに経営するのではなくて、景気が悪くなるときのことを考えて、余裕のあるときに蓄えをする。つまり、水を溜めておくダムのように、景気が悪いときに備えるような経営をすべきだ」――。

幸之助さんは、このような趣旨のお話をされました。

雨が大量に降って、それがそのまま川に流れ込めば、川は氾濫《はんらん》して洪水を引き起こし、大災害を招いてしまいます。だから、雨水をいったんダムで堰《せ》き止め、それを必要に応じて放流すれば、洪水の発生を抑えるだけでなく、川の水を絶やすこともなくなり、有効に水を使うことができる。「ダム式経営」とは、このような治水の考え方を経営に応用したものです。

講演が終わって質疑応答になったときのことでした。

後ろのほうにいた人が手を挙げて、「そういうダム式経営、つまり、余裕のある経営をしなきゃならんことはよくわかります。何も松下さんに言われなくても、われわれ中小企業の経営者はみんな、そう思っているんです。しかし、それができないので困っているんです。どうすれば余裕のある経営ができるのか、その方法を具体的に教えてもらわなきゃ困ります」というような、質問とも抗議ともつかない発言をしたのです。

そのとき、幸之助さんはたいへん戸惑った顔をされ、しばらく黙っておられました。

そして、ポツリと、

「いや、それは思わんとあきまへんなぁ」

と言って、そのまま黙ってしまわれたのです。答えにもなっていないと思ったのか、聴衆の間から失笑がもれたことを覚えています。

しかし、私はその瞬間、身体中に電撃が走るように思いました。

幸之助さんのつぶやきとも取れる「思わんとあきまへんなぁ」という一言に込められた、万感《ばんかん》の思いのようなものに打たれたのです。

「思わんとあきまへんなぁ」――この一言で、幸之助さんは、こんなことを伝えようとしていたのではないでしょうか。

「あなたは、そういう余裕のある経営をしたいと言います。でも、どうすれば余裕ができるかという方法は千差万別で、あなたの会社にはあなたの会社のやり方があるでしょうから、私には教えることができません。しかし、まずは余裕のある経営を絶対にしなければならないと、あなた自身が真剣に思わなければいけません。その思いがすべての始まりなんですよ」

つまり、「できればいいなあ」という程度であるならば、絶対に高い目標や夢は成就しない。余裕のある経営をしたいと本気で思っているかどうか。本気であれば、そのための具体的な方策を必死で考え、必ず「ダム」を築くことができるということを、幸之助さんは言いたかったのです。

思わなければ何も実現しない、このことは仕事のみならず、人生における鉄則でもあるのです。

願望を「潜在意識」に浸透させる

思いは必ず実現する。

それは、人が「どうしてもこうありたい」と強く願えば、その思いが必ずその人の行動となって現れ、実現する方向におのずから向かうからです。

ただそれは、強い思いでなければなりません。

漠然と思うのではなく、「何がなんでもこうありたい」「必ずこうでなくてはならない」といった、強い思いに裏打ちされた願望、夢でなければならないのです。

寝食を忘れるほどに強く思い続け、一日中、そのことばかりをひたすら繰り返し考え続けていくと、その思いは次第に「潜在意識」にまで浸透していきます。

「潜在意識」とは、自覚されないまま、その人の奥深く潜んでいるような意識のことです。普段は表に出てきませんが、思いもかけないとき、またいざというときに現れて、計り知れない力を発揮します。

一方、常日ごろから発揮しているような意識のことを、「顕在《けんざい》意識」と言います。

人間の意識の中では、「潜在意識」の領域のほうがはるかに大きく、過去に繰り返し体験したことや、強烈な経験などが入っていますから、それを活用することによって、瞬時に正しい決断を下すことが可能だと言われています。

この「潜在意識」が寝ているときにさえ働いて、私たちの行動を目標が実現する方向へと導いてくれるのです。
「潜在意識」が持つ素晴らしい力は、自動車の運転を例に考えると、イメージしやすいかもしれません。

運転を覚えたてのころは、手でハンドルを握り、足でアクセル、ブレーキを踏んでというように、動作の一つひとつを頭で考えながら、つまり「顕在意識」で運転をしています。やがて慣れてくると、いちいち操作の手順などを考えなくても、無意識に運転ができるようになります。ときには、仕事上の問題などについて、考えごとをしながら運転をしていて、ヒヤッとすることさえありますが、それでも事故を起こすことなく運転できるのです。

運転技術が「潜在意識」に浸透したため、「顕在意識」を使わなくても、身体が勝手に動いてくれるようになったわけです。

仕事でも、この「潜在意識」を有効に使うべきなのです。

たとえば、「自分の仕事をこうしたい」と強く思っていると、突然素晴らしいアイデアがひらめくことがあります。

これも「潜在意識」です。

毎日、一生懸命に考えているうちに、その思いが潜在意識に透徹《とうてつ》していきます。するとくに意識をしなくても、思いもかけない場面で「潜在意識」が働いて、素晴らしい着想が得られるのです。しかも、そのような「ひらめき」は核心を突いていて、今、自分が遭遇している問題を一気に解決してくれることもよくあることです。

それは、まさに「神の啓示」としか、たとえようがありません。

私にも、そんな経験がよくありました。

たとえば、京セラが新しい事業に取り組もうとするときのことです。新規事業と言っても、私たちにその新しい分野の専門技術があったわけではありません。ただ、その新しい分野に京セラの技術を持ち込めば、素晴らしい事業展開が可能になる——そのような確信があるものの、現実に自分たちが持っている人材や技術とのギャップに悩んでいる。

そんなときに、思いもかけない出会いに遭遇するのです。

ある会合で、知人に人を紹介してもらう。すると、その人がかねてから関心を抱いていた、新しい分野の優れた専門技術者であるということがわかり、急ぎ入社してもらい、とんとん拍子で新しい事業が進んでいく。そのようなことがありました。

このようなことは単なる偶然のようにも思えますが、私は「潜在意識」、つまり私がいつも考え続けていたために、必然的にそうなったのではないかと思うのです。もし、「潜在意識」に達するほどの強い願望を私が抱いていなければ、打ってつけの人材が目の前を通っても、気がつかずに見逃してしまっていたに違いありません。

高い目標を達成していくには、「潜在意識にまで透徹する」ほどの、強い持続した願望を持つことが、まずは前提となるのです。

持てる力をすべて出したとき「神が現れる」

登山では、平地から自分の足で一歩一歩踏みしめて、頂上を目指していくしかありません。

しかし、その一歩一歩の積み上げが、やがて八千メートルを超える、ヒマラヤの高峰を征服することにつながるのです。

古今東西の偉人たちの足跡を見ても、そこには気の遠くなるような努力の跡があります。生涯を通じて、そのような地味な一歩一歩の努力を積み重ねていった人にしか、神様は成功という果実をもたらしてくれないのかもしれません。

逆に「地味な努力などバカげたことで、そんなことをしていては短い人生で後《おく》れを取ってしまう」と考え、何かもっと楽な方法はないかと日々の地道な努力を嫌がるから、仕事で成功を収めることができないのです。

こんなことを思い出します。

京セラが創業して、まだ十年もたっていないころのことです。世界的なコンピュータメーカーであったＩＢＭ社から、ケタ外れに高い性能を持った、ファインセラミックス部品の注文を受けました。当時の技術水準をはるかに超えた要求に苦しみながら、四苦八苦してなんとかつくり上げようとするのですが、試作品を納めるたびに「不良」の烙印《らくいん》を押されてしまうのです。

当時の京セラの持てる力と技術をすべて注ぎ込み、悪戦苦闘したあげく、やっと要求通りの製品ができたと思ったのもつかのま、それもすべて不良品と判定され、二十万個の製品が全部返品の憂き目に合ったこともありました。

「もうこれ以上は無理だ」——そんな空気が社内に満ちていたある夜、私はその製品を焼く炉の前で立ちすくんでいる、一人の若い技術者を見かけました。

そばに寄ると、彼は肩を震わせて泣いていました。どうしても思うような製品がつくれず、万策尽きたといった風情で、意気消沈していたのです。

「今夜はもう帰れ」

私がそう言っても、炉の前を動こうとしません。

そんな姿を見ていると、私の口から思わず、こんな言葉が飛び出してきました。

「おい、神様に祈ったか？」

「は？」

「焼成《しょうせい》するときに、どうかうまく焼き上げてくださいと、神様に祈ったか？」

それを聞いた彼は、かなり驚いたようです。ただ、私の言葉を何度かつぶやいた後、

「わかりました、もう一度、一からやってみます」

と吹っ切れたようにうなずいて、仕事に戻っていきました。

その後、彼を含む開発チームは困難な技術課題を次々に克服して、高い要求水準を満たす「手の切れるような製品」の開発に成功することができたばかりか、二千万個という、気の遠くなるような数の製品を期日通りにつくり上げ、お客様に納めていったのです。

「神様に祈ったか」――技術者らしくない言葉です。

そのやりとりをはたで見ている人がいたら、気でも狂ったのかと思ったかもしれません。

しかし私は、人事を尽くし、後はもう神に祈り、天命を待つしか方法はないと言えるほど、すべての力を出し切ったのか。自分の身体が空っぽになるくらい、製品に自分の「思い」を込め、誰にも負けない努力を重ねたのか。そういうことを言いたかったのです。

そこまで強烈に思い、持てるすべての力を出し切ったとき、はじめて「神」が現れ、救いの手を差し伸べてくれるのではないでしょうか。

「おまえがそこまで努力したのなら、その願望が成就するよう助けてやらなくてはなるまい」と、神が重い腰を上げるくらいまでの、徹底した仕事への打ち込みが、困難な仕事にあたるとき、また高い目標を成し遂げていくときには絶対に必要になるのです。

いつも「百メートル競走のつもりで走れ」

「誰にも負けない努力をする」――よく私が口にする言葉です。

努力が大切だということは、みんな知っています。また、「努力をしていますか?」と問われれば、ほとんどの人が「はい、自分なりに努力をしています」と答えることでしょう。

ただ、いくら人並みの努力を続けたとしても、みんなが等しく努力を重ねている中にあっては、それはただ当たり前のことをしているだけのことであり、それでは成功はおぼつかないのです。人並み以上の誰にも負けない努力を続けていかなければ、競争がある中ではとても、大きな成果など期待することはできないでしょう。

この「誰にも負けない」ということが、大切なことです。

仕事において何かをなそうとするならば、そのような果てしもない、際限のない努力を惜しんではなりません。人並み以上の努力も払わず、大きな成功を収め、成功を持続できることは絶対にないのです。

京セラ創業時、毎晩、何時ごろに家に帰り、何時ごろに寝たのか――私にはほとんど記憶がありません。

それほど、夜を日に継いで仕事に没頭していたのです。

「誰にも負けない努力」とは、「ここまでやったからOK」といったようにゴールがあるものではありません。終点を設けず、先へ先へと設定されるゴールを果てしなく追いかけていく。そんな無限に続く努力のことです。

ただ、そのようなことを続けているうちに、従業員から不安や不満の声が湧き出てきました。
「こんな際限のない努力をしていたのでは身体が持たないではないか。今にみんな潰れてしまうのではないか」と言うのです。みんなの顔を見ると、たしかに疲れ切った表情をしています。

私はよくよく考えたうえで、あえて心を鬼にして、こう言ったことを覚えています。
「会社経営とは、四十二・一九五キロの長丁場を走り続けるマラソンレースのようなものではないだろうか。そうすれば、これまでマラソンなどしたことのない素人集団のわれわれは、その長丁場のレースに遅れて参加した素人ランナーのようなものだ。それでもレースに参加するのであれば、私は百メートル競走のつもりで走りたい。そんな無茶な走り方では身体が持たないと思う人もいるだろうが、遅れて参加し、マラソンの経験もないわれわれには、それしか道はない。それができないのなら、最初からレースには参加しないほうがいい」

私はこのように従業員を説得したのです。

資金も技術も設備もない、ないないづくしで、ファインセラミックスの業界に最後発で参入した京セラのことを考えたとき、それは悠長な選択の問題ではなく、生き残っていくには、それより他に手段がないという、まさにギリギリの決断でもありました。そして、そんな無茶とも思える私の考えを理解して、私の後を従業員はみんなよくついてきてくれました。

そのような努力が実り、創業して十年ほどたったとき、京セラは株式上場を迎えることができました。

私は、次のように従業員に語りかけました。

「百メートル競走の速度でマラソンを走れば、途中で落伍《らくご》することになると誰もが思い、心配をした。しかし、いざ走り出してみたら、全力疾走が習《なら》い性《せい》になって、トップスピードを持続しながらここまで走ることができた。また、先行するランナーの速度がそれほど早いものではないこともわかってきた。そのため、さらにスピードが増して、今では先頭集団を視野にとらえている。今後も全力で走り続けていこう」

この短距離を走る速度で長距離を走り続けるような、際限のない努力が、「誰にも負けない努力」なのです。

ただの努力では、企業も人も大きく伸ばすことはできません。「誰にも負けない努力」こそが、人生や仕事で成功するための駆動力となるのです。

誰にも負けない努力は、自然の摂理

私たちは、この「誰にも負けない努力」をするということは、特別なことだとつい考えがちです。際限のない努力をするということを、自分たちだけに課せられた、重い命題のように考えてしまうのですが、けっしてそうではありません。

自然界を見れば、どんな動物でも植物でも、一生懸命生きていないものはありません。人間だけが、邪《よこしま》なことを考え、楽をすることを願うのです。

春先に、家の近所を散歩したときのことです。

城跡の石垣の隙間に草が顔を出していました。

「あんなところに植物が生えるのかな」と思い、のぞいてみると、石と石の間にほんのわずかだけ土があり、そこから草が春の息吹を精一杯吸い、芽を出していました。

その後、数週間の短い春のうちに、その草は太陽の光をいっぱいに受けて、葉を広げ、花を咲かせ、実をつけることでしょう。そうしなければ、やがて夏、石垣は灼熱《しゃくねつ》の太陽に照らされ、すさまじい熱さになり、その草も枯れてしまうからです。暑い夏がくる前に精一杯に生き抜き、子孫を残す準備をして枯れていくわけです。

それは、アスファルト道路の割れ目から顔を出す、名も知らない雑草たちも同様です。

水気さえない炎熱《えんねつ》地獄のような環境の中で、さまざまな草がもがき合いながら、必死に生きようとしています。それぞれの草が他の草よりも少しでも多く太陽の光を受け、もっと大きくなろうとして、精一杯葉を広げ、茎を伸ばすことを競っています。

相手を負かすために一生懸命生きているのではありません。

自分自身が生きていくことに一生懸命になるように、自然はもともとできているのです。必死に生きていない植物など、絶対にありません。努力しない草は生存し得ないのです。

動物にしても、そうです。必死に一生懸命に生きていかなければ、生き残っていくことはできない。それがこの自然界の掟なのです。

ところが、私たち人間だけは、「誰にも負けない努力」とか、「一生懸命に生きる」ということを言えば、何か特別なことのように感じてしまう。

成功するために、一生懸命に働かなければならないのではありません。生きていくために、「誰にも負けない努力」で働く、それが自然の摂理なのです。

4章

今日一日を「一生懸命」に働く

——継続は力なり

継続する力――「平凡な人」を「非凡な人」に変えるもの

人生とはつまるところ、「一瞬一瞬の積み重ね」に他なりません。

今この一秒の集積が一日となり、その一日の積み重ねが、一週間、一カ月、一年、そしてその人の一生となっていくのです。

また、「偉大なこと」も「地味なこと」の積み重ねに他なりません。

人が驚くような大きな成果、どんな天才が成し遂げたのだろうと思える偉業も、じつはごく普通の人がコツコツと一歩一歩積み上げた結果であることがほとんどなのではないでしょうか。

つまり、「こうしたい」「こうあり続けたい」と、夢を思い描いた地点まで、一瀉千里《いっしゃせんり》にジェット機で行くような方法はありません。千里の道も一歩からで、どんな大きな夢も遅々《ちち》たる一歩一歩の歩みを積み重ねた果てに、やっと成就するものなのです。

エジプトの巨大ピラミッドも、たくさんの名もなき人たちが、地道な作業を営々と積み重ねてきたその結果でしかありません。大きな切り石を一つずつ積み上げていく。その数は何百万個、何千万個にも及んだかもしれません。しかし、それを一個一個運んでは積み上げていく。

ピラミッドとは、そのような気の遠くなるような作業を継続して行なった、その汗の結晶であるからこそ、悠久《ゆうきゆう》の歴史を超えて、今日われわれが目にするような雄姿を誇っているのです。それは、私たち一人ひとりの人生も変わりありません。

一つのことを「継続」することによって、とうてい手が届かないと思えていた地点まで到達することができるだけでなく、人間としても大きく成長することが可能になるのです。

かつて京セラの滋賀県にある工場に、一人の中学卒の従業員がいました。「これはこうしなさい」と教えると、「はい」とうなずいて、手を真っ黒にし、額を汗まみれにしながら、言われた仕事を来る日も来る日も飽きずにやっていたものです。工場の中ではまったく目立ちませんでした。ただ不平や泣き言は一切口にせず、地味で単純な作業をコツコツと続けていたのです。

それから二十年後――私は彼に再会しました。

驚いたことに、地味で単純な作業をコツコツ続けていた彼が、事業部長に出世していたのです。私が驚いたのはその役職だけではありません。「よくぞ、ここまで」と、思わず声を出してしまうほど、人格も見識も十分に備えた立派なリーダーに成長していたのです。

ごく目立たない存在でしかなかった、ただコツコツと愚直に仕事を続けるしかなかった、平凡な彼を非凡に変えたもの――それこそが地味な努力を厭わずに積み重ね、息長く続ける「継続する力」だったのです。

まさにトーマス・エジソンが言う通り、成功の要因に「ひらめき」や「才能」（インスピレーション）が占める割合はたった一パーセントにすぎず、残りの九十九パーセントは「地道な努力」や「汗をかくこと」（パースピレーション）によるのです。

一つのことにあせらず、腐らず、打ち込む。そして何があろうとも屈せずに続けること。それが、人間をしっかりとつくり上げ、さらには人生を実りあるものにしてくれるのです。

私は経営者として、これまでに多くの人材の採用に立ち会ってきました。

その過程で、「カミソリのような人」と出会うことも少なくありませんでした。

「カミソリのような人」とは、頭が切れるのはもちろん、仕事の飲み込みも早く、いわゆる才気走った人物です。中には、入社した段階から、「将来は会社を背負って立つ人間になってくれるだろう」と思うほど、「できる」人物もいたものです。

一方で、反対のいわゆる「鈍な人」もいます。採用してはみたものの、利発でもないうえに、気もきかない。言ってみれば、「真面目だけが取柄」といった人物です。

経営者が期待をかける人材は、当然ながら、前者であって後者ではけっしてありません。やむを得ず退職してしまうなら、前者ではなく後者であってほしいとさえ思うものです。

ただ、現実には、それとは逆のことが起こるのです。

つまり、辞めてほしくない「カミソリのような人」に限って、目先がきくためか、すぐに仕事に見切りをつけ、会社を見限り、辞めてしまうのです。そして、会社に残るのは――言葉は悪いですが――最初から期待感の薄い「鈍な人」たちなのです。

しかし、私は後に、自分の不明を恥じるようになりました。

「鈍な人」たちは、倦《う》まずたゆまず、自分の仕事をコツコツとこなしていきます。あたかも尺取虫の歩みですが、十年、二十年、三十年と、営々と努力を重ねることを厭わず、ただ愚直に、真面目に、地道に、誠実に働き続けるのです。

そして、それだけの年月がたつと、それら「鈍な人材」はいつのまにか「非凡な人材」に変わってしまっていることに気づかされ、たいへん驚くのです。もちろん、ある瞬間に、彼らが生まれ変わって、素晴らしい能力を身につけたわけではありません。人一倍苦労を重ねながら、それでも一生懸命に「働くこと」で、次第に人間をつくっていったのです。

豹《ひょう》のようなめざましい俊敏な動きではなく、牛のように、ただ不器用に、愚直に、一つのことを継続してきたことが、彼らの能力のみならず、人格をも磨き上げ、素晴らしい人間をつくり上げていったのです。

もし今、「真面目に働く」ことしか自分には能がないと嘆くような人がいたら、その「愚直さ」こそを喜べと言いたい。

つまらないように見える仕事でも、粘り強く続けることができる、その「継続する力」こそが、仕事を成功に導き、人生を価値あるものにすることができる、真の「能力」なのです。

世の「天才、名人」と呼ばれる人も、この「継続する力」を生かした人たちです。果てしのない努力を長年にわたり継続していくことで、素晴らしい技と人間性を自分のものとしていったのです。

努力を「継続する力」――それは「平凡な人」を「非凡な人」に変えることができるほど、強大なパワーを持っているのです。

昨日より「一歩だけ前へ出る」

人生では、つねに迷うものです。

真剣に仕事に取り組んでいればいるほど、その迷いも大きくなるのかもしれません。

「自分は、なんでこんなことをしているのだろう」「何のためにこの仕事をするのか」などと、真面目な人、一生懸命な人ほど、働くことの意味、仕事の目的などといった、根本的な問題で悩み、答えのない迷路に入ってしまうものです。

私も、かつてはそうでした。

最初に勤めた会社の研究室で、試行錯誤を繰り返していたころの話です。

当時、無機化学の研究者の中にも、私と同じような年齢であっても、奨学金をもらってアメリカへ留学する者もいれば、立派な会社で最新鋭の設備を駆使して先進的な実験をしている者もいたことでしょう。

それに比べて自分は、まともな設備さえないオンボロ会社で、日がな一日、ただ粉末の原料を混ぜるだけで毎日が終わってしまう。

「こんなことばかりしていて、どれだけの研究成果を上げられるのか」――。

さらには、「自分の人生はどうなってしまうのか」――。

ともすると、気が萎《な》えてしまいそうな日々を過ごしていたのです。

このような迷いを解消するには、「先を見ることがいい」と一般に言われます。つまり、目先のことにとらわれず、長期的な視点に立って、自分の人生設計図を描き、今の自分の仕事を長いスパンの中で位置づけるというやり方です。

それが理に適《かな》った方法なのかもしれません。しかし、私が行なったのは、それとはまったく逆の方法でした。

あえて短期的な視点に立って、自分の仕事を位置づけようとしたのです。

将来、どれだけの研究成果を上げられるのか。自分の人生はどうなってしまうのか——このような「遠くを見る目」は持ち合わせなかったので、足元だけを見ることにしました。つまり、今日の目標は、今日必ずやり遂げることを誓い、仕事の成果や進捗を、一日の単位で区切り、それを確実にやり遂げていくことにしたのです。

一日のうちに、最低限、一歩だけは前へ出よう。今日は昨日より一センチだけでも前へ進もう。そう考えたのです。

また、単に一歩前に進むだけでなく、今日の反省を踏まえ、明日は「一つの改良」「一つの工夫」をその一歩に必ず付加していこうと考えました。

そして、この一日ずつの目標達成と創意工夫を、雨が降ろうが、槍《やり》が降ろうが、何があっても、必ず毎日積み重ねていくことに全力を注いだのです。まずは一カ月続け、次に一年続けてみる。さらには五年、十年と続けてみる。そうすれば、当初想像もしなかったような地点まで進んでいくことができるはずです。

今日一日を「生きる単位」として、その一日一日を精一杯に生き、懸命に働くこと。そのような地道な足取りこそが、人生の王道にふさわしい歩み方なのです。

今日一日を精一杯努力しよう

中身の濃い「今日」を、毎日毎日続けていく――。

この姿勢は、京セラの経営にも反映しています。

京セラという会社は、これまで長期の経営計画を立てないでやってきました。インタビューなどで新聞記者からもよく、中長期の経営プランについて聞かれたものです。私が「長期経営計画は立てないことにしている」と言うと、よく不思議な顔をされたものです。

なぜ、長期計画を立てないのか。

それは遠くを見る話というのは、たいていウソに終わるからです。

「何年後には売上をいくらにして、人員はどのようにして、設備投資はこうして……」といった青写真をいくら描いても、必ず、予想を超えた環境の変化や、思いもかけない事態が起こります。そして計画変更や下方修正を余儀なくされ、ときには計画そのものを放棄しなくてはいけなくなってしまうのです。

そうして計画変更が続けば、どのような目標を立てても、従業員は「どうせ途中で変わるんだろう」と、目標をあなどるようになり、従業員の士気や、仕事への意欲を削《そ》ぐことにもつながっていきます。

また、目標が遠大であればあるほど、到達するまでに気の遠くなるような努力を続けることが必要です。しかし、人間はがんばってもがんばっても、なかなかゴールに近づけなければ、途中で気持ちが萎えてしまったり、「目標は未達成だが、まあ、このへんでもいいだろう」と妥協してしまったりすることになりがちです。

そのような人間の心理的な側面からも、目標に至るプロセスが長すぎる、つまりゴールが遠すぎる目標というのは、往々にして挫折で終わることが多いものなのです。

途中で反故《ほご》になってしまうような計画なら、はじめから立てないほうがいい――私はそう考えて、京セラの創業当初から、たった一年だけの経営計画を立てるよう心がけてきました。

三年先、五年先となると、誰も正確な予想はできません。しかし、一年先なら、そう大きな狂いもなく読むことができるはずです。そして、その一年だけの計画を、月ごとの、さらには一日ごとの目標にまで細分化して、それを必ず達成するように努めてきたのです。

今日一日を精一杯努力しよう。今日一日を懸命に働けば明日が必ず見えてくる。

今月を精一杯がんばろう。今月を精一杯がんばれば来月が見えてくる。

今年一年を充実させよう。今年を充実させれば来年が見えてくる。

そのように、瞬間瞬間を充実させ、小さな一山ごとに越えていく。その小さな達成感を連綿《れんめん》と積み重ね、果てしなく継続していく。それこそが一見、迂遠《うえん》に見えるものの、高く大きな目標にたどり着くために、もっとも確実な道なのです。

能力を未来進行形で考える

目標を立てるときには、「自分の能力以上のもの」を設定する――それが私の考えです。

今の自分では「とてもできそうもない」と思われるほどの困難な目標を、「未来の一点で達成する」ということを決めてしまうのです。

そして、その「未来の一点」にターゲットを合わせ、現在の自分の能力をその目標に対応できるまで高める方法を考えていくのです。

現在の自分の能力で、「できる」「できない」を決めてしまったのでは、新しいことにチャレンジし、より高い目標を達成していくことはけっしてできません。「現在の能力ではできないものを、なんとしても成し遂げよう」という強い思いがなければ、新しい分野を切り開き、高い目標を達成することなどできないのです。

私はこのことを、「能力を未来進行形で考える」と表現しています。

これは、「人間は無限の可能性を持っている」ということを意味します。つまり、「人間の能力は未来に向かって限りなく伸びていく可能性を持っている。このことを信じて、自分の人生に夢を描こう」ということを、私は言いたいのです。

しかしながら、多くの人が「自分にはできません」という言葉を、仕事や人生で、いとも簡単に口にします。

現在の自分の能力で考えて、「できる」「できない」をすぐに判断してしまうのです。そうではありません。人間の能力は、未来に向けて必ず成長し、進歩していくものなのです。

実際にみなさんの今の仕事は、数年前には、「とても自分にはできそうもない」と思われた仕事であったのではないでしょうか。しかし今では、それがいとも簡単にできるようになっています。

人間というのは、すべての点において進歩するように、神様がつくってくれたもの

――そう考えるべきです。

「私は勉強もしていないので、知識も技術も持ち合わせません。だからできません」と言うのではなく、「私は勉強していないから、知識も技術もありません。しかし、やる気はありますから、必ず来年にはできるようになるはずです」と考えていくべきです。

そして今この瞬間から、勉強をし、知識を獲得し、技術を習得すれば、未来には秘められた能力を開花させ、素晴らしい成長を遂げていけるはずです。

人生をあきらめ、今のままで一生を終わろうなどと思っている若い人は少ないでしょう。しかし、難しい課題を前にすると、ほとんどの人がつい「できません」と言ってしまいがちです。

絶対に「できない」と言ってはなりません。難しい課題を前にしたら、まずは自分の無限の可能性を信じることが先決です。

「今はできないかもしれないが、努力をすればきっとできるはずだ」と、まずは自分の可能性を信じ、次に必要となる能力をいかに伸ばしていくかを、具体的に考え尽くしていかなければなりません。それこそが、明るい未来へと続く扉を開けることになるのです。

「できない仕事」を「できる仕事」に変える

京セラは創業のころから、他社が「できない」と言った仕事を、進んでよく受注したものです。

そう言うと、まるで創業時から素晴らしい技術力を誇っていたように思われるかもしれませんが、けっしてそうではありません。吹けば飛ぶような会社にとって、そうするしか生きる道がなかったのです。

私たちが最初に手がけたのは、先にも述べた、松下電子工業向けのテレビのブラウン管用絶縁部品でした。

京セラを創業してから、順調に生産を重ねていましたが、その一つの製品だけでは、経営的に不安なものですから、その技術、実績をベースに、横展開することを次に考えました。つまり、東芝、日立、NECといった大手エレクトロニクスメーカーへの営業活動を開始したのです。

まずは「当社は、このようなファインセラミックスの絶縁部品をつくる技術を持っています」とアプローチしていきました。ただ、大手企業ではすでにそのような絶縁部品は、先発セラミックスメーカーに発注していました。

また、大企業の技術者は、吹けば飛ぶような京セラみたいな会社に注文を出すことが不安ですから、先発のセラミックスメーカーにすでに依頼している製品を、京セラのような新参メーカーに切り替えることはまずありません。

そのため、必ずと言っていいほど、「そんなファインセラミックスの技術を持っているなら、こういうものはつくれるか」と、先発のメーカーさえできずに断ってきた、難しい製品の開発を打診してくるのです。

そこで、「当社ではつくれません」と言ってしまえば、それで終わりです。

本当はブラウン管の電子銃を構成する絶縁材料をつくる技術しかないのに、私はそのようなお客様のご要望にも快く、「はい、できます」と言うしかありませんでした。そう言わなければ、相手が二度と関心を示してくれず、それではいずれ経営が成り立たなくなるわけですから、選択の余地はありません。

しかし、一度、「できます」とお客様に口にしたからには、必ず結果を出していかなければ、次の新しい仕事は来なくなってしまいます。つまり、「できます」というウソを、なんとしても本当にしていかなければならなかったのです。

そのようにして、できもしない仕事を次々に受注してくる私に、従業員はただ驚くばかりでした。

また、「設備もないのに、できるわけがありません」と一斉に異を唱えます――従業員の言うことには、一理も二理もありました。その仕事をこなすだけの実績も技術も設備も、そのときの京セラにはなかったわけですから。

しかし、私は、みんなをこう叱咤《しった》激励したものです。

「設備は借りてもいい。中古品を買ってきてもいい。技術的にできないと思うのも、現時点での話にすぎない。やれると信じて努力を続ければ、将来、必ずできるようになる。その未来の到達点を目指し、すべての力と情熱を注ぎ込んでくれ」

「できないもの」を「できる」と引き受けて、実際に「できる」までやり続ける——不可能から可能を生み出そうという、無茶な「背伸び」かもしれません。

しかし、その無茶な「背伸び」が、京セラの技術力を伸ばし、実績をつくり、成功への道筋をつくってくれたのです。

人間の能力というのは、けっして決まったものではありません。能力とは、あくまでも「未来進行形」でとらえるべきものなのです。

到達すべき未来の一点から逆算して——現在の自分の能力を勘案《かんあん》しながら——どうして自分の能力を高めていくかを考えていく。

その未来の一点、つまり到達すべき目標とは、つねに自分の力の二割増し、三割増しのところに置いたハードルとする。

そのようにして、未来の一点に向けて、誰にも負けない努力を惜しみなく注ぎ続ける。

そんな「能力を未来進行形で考える」姿勢こそが、高く大きな目標を達成していくために、もっとも大切なことなのです。

「もうダメだ」というときが仕事の始まり

「手がけた研究開発は百パーセント成功させる」――これは私の信念です。

京セラを創業し、十五年くらいたったころでしょうか。ある有名大企業の二百名くらいの研究者の方を前に、研究開発の進め方についての講演をしたことがあります。

みなさん、日ごろから高度な技術開発に携わり、その多くが博士号の肩書きを持った優秀な方ばかりでした。講演が終了し、質疑応答に入ったとき、「京セラの研究開発の成功率はどれくらいですか」という質問を受けました。

「京セラでは、手がけた研究開発は百パーセント成功させます」――。

そのとき私は、こう答えました。

すると、驚きの声とともに、すぐさま反論が返ってきました。「研究開発の成功率が百パーセントといった、そんなバカなことはあり得ない」というわけです。私は次のように答えました。

「京セラでは、研究開発は成功するまでやり続けますので、失敗に終わるということがないのです」

この答えに、会場からは失笑がもれたようでした。

しかし私は本気でした。

何か一つのことをやり始めたら、それを「成功するまでやり抜く」、その執念にも似た強い思い、また達成するまでやり続ける「継続する力」が、成功のための必須条件となると信じていたからです。

「もう無理だ」と思った時点を終点とせず、仕事の再スタート地点と考え、成功を手にするまでは絶対にあきらめない粘り強さ。自分に限界を設けない、あくなき挑戦心――それこそがピンチをチャンスに変え、失敗さえ成功に結びつけることを可能とするのです。

狩猟民族は、槍一本、あるいは吹き矢一つを持ち、腰に数日分の食料と水を携帯して獲物を追い、捕獲することで一家の生活を維持しています。ただ、彼らとて、そう簡単に獲物が捕れるわけではありません。

動物が通った足跡を何日も何日も追い続け、そのねぐらをなんとか突き止めて、命がけで襲って仕留める。仕留めたら、今度はそれをかついで、やはり何日もかけて家族の待つ自分たちの住居まで帰らなくてはなりません。

こういう厳しい環境条件の中で生き抜いていくには、何より岩をもうがつような強い意志の力が必要です。いったん狙いをつけたら、けっして最後まであきらめることなく追い続ける、まさに執念にも似た、強い意志が必要とされるのです。

この狩猟民族の持つ、食らいついたら離れようとしない執念は、同じように仕事にも求められる、「成功のための絶対必要要件」なのです。

京セラには、「もうダメだと思ったときが仕事の始まり」という考え方が根づいています。

仕事において、「もう万策尽きた。ダメだ」とあきらめたくなるような局面に追い込まれても、それを終点とは考えず、むしろ第二のスタート地点と考える。そして、そこからさらに強い意志を持って、熱い情熱をかき立て、どんなことがあっても、とことんやり抜いていく――そのような狩猟民族にも勝るような粘りが、目標を達成していくにあたり、求められるのです。

苦難、成功いずれにしても「私たちは試されている」

つらく苦しいときこそ、チャンスだと考えるべきです。

なぜなら、苦難こそが、人を育ててくれるからです。

また一方、順風満帆《じゅんぷうまんぱん》のときにこそ、かえって過ちを犯しやすいものです。

たとえば、大成功を収めた経営者が、成功の美酒に酔って、傲慢に陥ることから過ちを犯し、それをきっかけに晩節を汚し、せっかく育ててきた会社も大きく傾かせてしまうということがよくあります。

栄枯盛衰は世のならいとはいえ、そんな胸が痛くなるような悲劇が、今は当たり前のように転がっています。

失敗や苦難に遭遇したときに、不平不満を並べ、世をすね、人を妬むことなく、その試練に耐えて、さらに努力を重ね、小さいながらも確かな成功を一つずつ引き寄せて、やがて逆境を順境に変えることができるのか。また、成功や幸運に遭遇したときにも、おごることなく、素直に感謝して、さらに努力を重ね、その成功を長く持続させることができるのか。

苦難、成功いずれにしても、私たちは試されているのです。

最初にお話ししたように、私も会社に入って、研究に没頭し始めたころ、「自分にはなぜこんなに次々と不幸が襲ってくるのだろう。自分の人生はどうなっていくのだろう」という思いにしばしば襲われたものです。

当時の私は、研究を指導してくれる上司もなく、十分な研究設備もない中、毎日毎日、たった一人で、手探りで研究を続けていたのです。

そのころ、私は寂しさ、つらさ、孤独感……そういうものに襲われると、夜、寮の裏の小川の土手にただ一人腰を降ろして、よく空を見上げていたものです。

星空のとき、月夜のとき、どんより曇ったとき、今にも小雨が降り出しそうな暗い夜でも、私は一人、空を見上げながら、静かに故郷をしのび、両親のこと、兄弟のことに思いを馳せながら、「故郷《ふるさと》」などの唱歌や童謡を歌っていました。

そんな私の姿を見て、寮の先輩たちがよく「また稲盛が泣いている」と噂をしていたそうです。

しかし、私はつらく苦しい自分の心を癒し、鼓舞していくことに、自分なりの方法で懸命に努めていたのです。

そして、歌い終わった後、寮に帰るときにはもう、私はつらさも孤独も感じていませんでした。明日への希望と勇気を抱いて、明るく朗《ほが》らかに寮に帰っていったことを今でも覚えています。唱歌や童謡が、私に勇気と力を与えてくれたのかもしれません。

苦難がずっと続くことはありません。もちろん幸運のままであることもないでしょう。得意のときにはおごらず、失意のときにもくじけず、日々継続して懸命に働き続けることが何より大切です。

試練の中でも懸命に努力を続ける日々、それは成功の種を大事に育てているときなのです。

感性的な悩みをしない

人生では、ときに失敗してしまうことがあります。

そのようなときも、けっしてクヨクヨと感性的な悩みをしてはなりません。「覆水盆《ふくすい》に返らず」と言うように、一度こぼした水はけっして元へは戻りません。「なんであんなことをしたのだろう、あんなことをしなければよかった」と、いつまでも悩んでみたところで詮《せん》ないことです。思い煩《わずら》う必要など一切ありません。

失敗した原因をよく考え、反省はしなければなりません。「あんなバカなことをなぜしたのだろう」と、厳しく自省をしなければなりません。しかし、十分に反省をしたのであれば、後は忘れてしまうことです。人生でも仕事でも、いつまでもクヨクヨと思い悩むことは、百害あって一利なしです。

十分に反省した後は、新しい目標に向かって、明るく希望を持って、行動を起こしていけばいいのです。

近年、日本では自殺をする人が毎年三万人を超えています。その多くが感性的な悩みが原因となっているのではないでしょうか。

たしかに、人生にはいろんな悩みがつきまといます。しかし、たとえ生きてはいられないと思うような重大なことが起ころうとも、けっしていつまでも心を煩わせてはなりません。

感性的な心の悩みを払拭し、明るく前向きに新しい方向へ新しい行動を起こしていくのです。これは、人生を生きていくうえでたいへん大事なことです。

人間は失敗、間違いを繰り返しながら成長していくものです。

失敗していいのです。失敗をしたら、反省をし、そして新しい行動へと移る――そのような人は、たとえどんな窮地に陥ろうとも、後に必ず成功を遂げていくことができるのです。

厳しさこそ人を鍛える

京セラのはじめてのお客様は、先にもお話しした松下電子工業でしたが、私たちは他の松下電器産業グループの会社も含め、「松下さん」と呼んでいました。

受注した当時は、「松下さんのおかげで京セラは順調なスタートが切れた」と感謝の気持ちでいっぱいでした。しかしその後、価格、品質や納期など、すべての面にわたっていただく要求は、どれもこれもたいへん厳しいものでした。

とくに、値段については、松下さんの購買部からは、毎年のように大幅な値下げ要求をいただきました。仕事をもらえるありがたさの半面、その値下げ要求をこなすことは、並たいていではありませんでした。

それは、私の会社だけではなく、松下さんに部品を納入している会社が集まる会合に顔を出したときなどは、「下請けイジメに等しい」などと、松下さんへの不平不満が渦巻いていました。私もあまりの要求の厳しさに、購買担当の方とケンカしたこともあるくらいでしたから、そうした恨みに近い不満をもらす気持ちもわからないではありません。

しかし私は同時に、「鍛えていただいている」という感謝の思いも強く持っていました。厳しい要求は、やっと歩き始めた自分の会社の足腰を鍛える、絶好の研鑽《けんさん》の機会と考えたのです。

この程度の要求に応えられないようでは、会社も自分もしょせん二流、三流止まりだろう。だから、なんとしても負けまい、このせっかく与えていただいたチャンスに真正面から立ち向かっていこうと考えていたのです。

ですから、松下さんの言い値をそのまま受け入れ、どうやったらその値段で採算が取れるか必死に考え、徹底的にコストダウンに努めました。

創業から数年ほどたって、京セラが、当時勃興《ぼっこう》しつつあったアメリカ西海岸の半導体産業から注文をいただき、海外に輸出するようになったときに、私は松下さんに心から感謝をしました。

アメリカの同業者に比べて、私たちがつくる製品は、品質において断然優れたものであるうえに、価格競争力もはるかに高かったからです。

そのことに気づいたとき私は、「松下さん、よくぞここまで育ててくれました」と心の中で手を合わせていました。

世界に通用する技術を備えることができたのは、ひとえにあの厳しい要求を課せられたおかげであり、それに応えようと必死で努力してきた結果である——松下さんが期せずして与えてくれた試練が、私たちの力を知らず知らずのうちに大きく伸ばし、世界レベルの競争力を身につけさせてくれたのだと、私は思わず拝みたい気持ちにさせられたのです。

一方、あのとき松下さんに不平不満ばかりもらし、いっこうに努力を払わなかった部品メーカーは、倒産するなどして、すでに存在しないところも少なくありません。

自分が置かれた環境をネガティブにとらえて、卑屈になり、恨みつらみを募らせていくのか。それとも、困難な要求を、自分を伸ばしてくれる機会として、ポジティブに受け取るのか——。

いずれの道を取るのかによって、行き着くところが大きく異なってしまうのは、仕事も人生も同様です。

「どんなに険しい山でも、垂直に登り続けよう」

私は最初に就職した会社で、自分の信念に基づき行動したことで、先輩、上司、さらには労働組合からも非難を受け、社内で孤立してしまったことがありました。

そのとき、私より五、六歳年上の先輩――その人は私とは違って、周囲の人と和するのが上手な如才《じょさい》のない人でした――がこういう意味の助言をしてくれたことがありました。

「稲盛君のやり方は、正しさ一辺倒で、ストレートすぎる。だから周囲に理解されないのだ。人生にはいい意味での妥協が必要だ。それは生きていくために不可欠な方便だよ」

それを聞いて、なるほどと納得するところも少なくありませんでした。それからしばらく、先輩の言った「いい意味での妥協」をすべきかどうか、ずいぶん自問自答を重ねたものです。

しかし、私が出した結論はやはり、「妥協という誘惑には絶対に耳を貸すまい」ということでした。信念を曲げることなく、懸命に働き続けることしか、自分にはできない――改めて初心に返って、そう心に誓ったものです。

私はそのとき、高く険しい岩山を、垂直に登っていく自分の姿を思い浮かべました。登山の技術も経験もあるわけではない人間が、パーティーのリーダーとしてメンバーを率いて、峻険《しゅんけん》な岩山をまっすぐよじ登っていく――怖くて足がすくむ者、途中で脱落する者が出てきても無理はありません。安全を第一に考えるなら、そびえ立つ岩山を垂直に登るのではなく、山すそを迂回《うかい》しながら、ゆっくりとゆるやかに登っていく方法もあるでしょう。

それがまさに先輩の教えてくれた「いい意味での妥協」であり、賢明な策というものかもしれません。

しかし、私はそのような安易な道を取らないことにしました。

なぜなら、ゆるやかな道を行くという安全策を取った瞬間に、私は目指すはるかな頂きを見失ってしまうと思ったからです。安全な方法で、ゆっくり時間をかけて登っていくうちに、険しい頂上をきわめようという気持ちを忘れてしまうかもしれない。忘れないまでも、「理想は理想として、現実にはここまでしか登れなかった。もう十分努力したではないか、ここらでよしとしよう」とあきらめてしまうに違いない、そんな自分の姿が見える気がしたのです。

少しでも自分に妥協を許せば、そこで努力を継続することにピリオドを打ってしまいかねない弱い自分が想像できた——だから私は無謀を承知で、どんなに険しい山であっても、これからも垂直に登り続けよう、そう決意したのです。

ちょうどそのとき、結婚を考えていた妻に、「誰もついてこなくなったとしても、すまないが、おまえだけはおれの尻を押してくれないか」とプロポーズも兼ねて、頭を下げたのを覚えています。妻は黙ってうなずいてくれました。

自分に妥協を許し、安易な道を選べば、その瞬間は楽でも、夢や高い目標を実現することができずに、後で必ず後悔することになります。

人生や仕事におけるどんな困難な山も、安易に妥協することなく、垂直に登り続けていくことが大切です。

強い意志を持って、一歩一歩地道な努力を日々継続する人は、いくら遠い道のりであろうとも、いつか必ず人生の頂上に立つことができるに違いありません。

5章

「完璧主義」で働く

――いかにいい仕事をするか

立派な仕事は「完璧主義」から生まれる

戦時中、私の叔父は、海軍の航空隊で整備士をしていました。

その叔父が、戦地から帰ってきて話したことを、私は今でも覚えています。

当時、爆撃機には、整備士が機関士として必ず乗らなければならなかったのですが、ほとんどの人が自分の整備した飛行機ではなく、同僚の整備した飛行機に乗っていたそうです。整備は一生懸命にしたけれども、それが「完璧か？」と問われると、自信を持って「完璧です」とは答えられない。そのように自分に自信が持てないから、万一のことを考えて、同僚が整備した爆撃機に乗り込むわけです。

同じような話を聞いたことがあります。自分の子ども、妻、両親が重病になった場合、自信を持って診断できない医師が多いというのです。手術となればなおさらで、自分が信頼する医師に任せるというのです。「肉親の情が先に立って手が震える」といった理由も考えられますが、私はそうではないと思います。

この場合も、「自分に自信が持てない」からなのです。

もし私が外科医であり、肉親が手術を必要とするのなら、誰にも任せないで自分で執刀《しっとう》をするだろうと思います。

なぜかと言えば、私にとっては「毎日」が真剣勝負であり、その日々の積み重ねを通じて、仕事と真正面から向き合い、自分自身の腕に自信を持っているであろうからです。「完璧主義」とは、毎日の真剣な生き方からしか生まれません。

日々「完璧を目指す」ことは厳しく、難しいことです。しかし、本当に満足できる仕事を目指すなら、「完璧を目指す」ことしか方法がないこともまた、歴然たる事実なのです。

最後の「一パーセントの努力」で決まる

私は若いころから、「完璧主義」を貫くことをモットーにしてきました。

それは、私の持って生まれた、先天的な性格であると同時に、ものづくりという仕事に従事した経験から身についた、後天的な考え方でもあります。

ものづくりにおいては、九十九パーセントまでうまくいっていても、最後の一パーセントの努力を怠ったがために、すべてがムダになることがしばしばあります。とりわけ、ファインセラミックスの製造では、たった一つのミスや、ほんのわずかな不注意が命取りになることも少なくありません。

ファインセラミックスは、たとえば粉末状になった金属の酸化物——酸化アルミニウム、酸化シリコン、酸化鉄、酸化マグネシウムなど——の原料を混ぜたものを型に入れ、プレスなどをして形をつくり、高温の炉の中で焼き上げます。それをさらに研磨したり、表面を金属加工するなどしたりして、製品として完成するまでに長い工程を必要とします。また、そのどの工程においても、繊細な技術が要求され、息の抜けない仕事が続きます。

だから、完成品をつくるには、九十九パーセントの努力では足りません。一つのミス、一つの妥協、一つの手抜きも許されない、百パーセントを目指す「パーフェクト」

な取り組みがいつも要求されるのです。

最後の一パーセントの努力を怠ったがために、不良品が発生したら、材料代、加工賃、電気代は言うに及ばず、それまで注ぎ込んできた時間、努力と知恵など、あらゆるものがムダになってしまうのです。いくつもある製造工程のうちの一つの工程における、わずかなミスであっても、それまでのすべての努力が水の泡となってしまうのです。

製品の出来上がりを待っていただいているお客様にも、多大な迷惑や損害を与えることになってしまいます。

京セラが生産する電子工業向けの各種ファインセラミックス部品は、ほとんどが客先からの受注生産です。電子機器メーカーなどの客先から、「うちの機器の基幹部品に、おたくのファインセラミックスを使いたい。仕様はこうだから、いついつまでに納入してほしい」と、営業マンが注文をいただいてくるわけです。

お客様は、京セラからの納品日に合わせて、機器の生産予定を立てておられるので、納期は厳守しなければなりません。しかし、たった一つのミスが、その納期の約束を反故《ほご》にし、さらには会社の信用までぶち壊してしまうことになるのです。

たとえば、納期間際になって、不注意から製品の不良が発生してしまう。製品の全工程が二週間かかるものとして、最終出荷の手前の段階であれば、やり直すのに二週間かかることになります。

そうなれば、営業マンがお客様のところに飛んで行き、平謝りに「あと二週間待ってください」とお願いするわけですが、「おまえのところみたいな会社に頼んだばかりに、うちの生産ラインが止まってしまうではないか」とこっぴどく叱られることになります。ときには、「おまえの会社とは二度と取引はしない」と怒鳴られ、大の大人が半ベソをかきながら、会社に戻ってくることにもなります。

このような経験から、私には「完璧主義」が身にしみているのです。

ミスを未然に防ぐには、最初から最後まで、神経を鋭く行き渡らせていくしかありません。また、どんなささいなことにも気を込めて取り組まなければなりません。

そのように意識して集中していくことを、「有意《ゆうい》注意」と言います。一方、音がしたから振り向き、注意を向けるというのは、「無意《むい》注意」と言います。

「有意注意」を持って仕事に臨むことは難しいことですが、日ごろから意識して続けていけば、習慣になっていくはずです。

そして、「有意注意」を持って、どんなことにも気を込めて取り組むことができるようになれば、ミスが少なくなるどころか、何か問題が起きたときでも、すぐに問題の核心をつかみ、解決できるようになります。

どんなささいなことにも気を込め、百パーセントの力を注ぎ続けなければなりません。そのような「完璧主義」を貫くことで、京セラは創造的な製品をつくり出すとともに、成長発展を続けてきたのです。

消しゴムでは、絶対に消せないもの

仕事ができる人というのは、「完璧主義を貫く」姿勢が身についている人です。

これは製造業に限らず、あらゆる業種、職種にあてはまることではないでしょうか。

京セラがまだ小さな会社だったころ、こんなことがありました。

当時、私は経理面で理解できないことがあると、経理部長にいちいち質問をしてさんざん悩ませたものです。財務諸表の見方や複式簿記の処理方法など、「経理のケの字」も知らないような男がいろいろと質問するものですから、そのたびに年長の経理部長はイヤな顔をしていました。

ただ、私は年齢は若くても上司にあたる人間ですから、彼もおざなりの対応をするわけにはいきません。「訳のわからないことを言ったり、幼稚な質問をしたりする奴だ」と、内心思いながら、渋々答えていたのでしょう。

あるとき、経理部長の説明する数字に納得のいかなかった私は、次から次へと質問を重ね、彼を問い詰めていきました。最初は私のことをなめてかかっていた経理部長も、問い詰められていくうちに、数字に誤りがあることが判明しました。さすがにまずいと思ったのでしょう。軽く「すみません」と言いつつ、すぐに消しゴムで数字を消そうとしたのです。

私には、その行為がどうしても理解できませんでした。

たった一つの文字、たった一つの数字のミスであっても、仕事においては致命傷となることがわかっていないのです。これがファインセラミックスの製造であれば、すべてダメになってしまいます。

ですから、そのとき、私は烈火のごとく叱りました。

経理の人間というのは、後で消せるように鉛筆で数字を書いて、間違っていたら消しゴムで消して書き直せばすむと思っているのか——。そのような心構えでいるから、いつまでも単純なミスがなくならないのではないか——と。

残念ながら、ミスが発生すれば、そのように消しゴムで消して、やり直せばいいと思っている人が少なくありません。

仕事においては、消しゴムでは絶対に消せないときがあります。また、「やり直しがきく」という考え方でいる限り、小さなミスを繰り返し、やがて取り返しのつかないミスを犯す危険性をはらんでいると言っていいでしょう。

いかなるときでも「やり直し」は絶対にきかないと考え、日ごろから「有意注意」を心がけ、一つのミスも許さない、そんな「完璧主義」を貫いてこそ、仕事の上達があり、人間的な成長もあるのです。

仕事で一番大事なことは「細部にある」

完璧な仕事をするために、必要不可欠なことがあります。

私がそのことを知ったのは、ファインセラミックスの研究開発を始めたばかりのころのことです。

ファインセラミックスの粉を混ぜ合わせるには、ポットミルと呼ばれる陶磁器製の器具を使います。中にはボール状の石がいくつも入っていて、ミルを回転させると、その石が動いて原料の粉を細かく粉砕してくれるのです。

ある日のことです。

私の先輩にあたる技術者が洗い場に座り込んで、そのポットミルと粉砕用の石を時間をかけて、一生懸命にタワシで洗っているのを見かけました。いつも真面目に仕事をこなす、寡黙《かもく》で目立たない人でしたが、そのときも、その地味な作業を黙々とこなしています。

「サッサと洗ってしまえばいいものを、なんと要領の悪い」

私は内心でそうつぶやき、その場を立ち去りかけて、ふと足を止めました。

よく見ると、先輩は粉砕用の石を、ヘラを使ってきれいにしているのです。石の中にはたまに欠けているものがあって、そのくぼみに実験で使った粉がこびりついたままになっていることがあります。先輩はそれを丹念にヘラでそぎ取り、その跡をタワシでていねいに洗っていました。

それだけではありません。腰から下げたタオルで、洗った石を一つひとつ、なめるように拭いていたのです。

それを見た瞬間、私は頭を殴られたような衝撃を受けました。

ファインセラミックスというのはきわめて繊細な性質を持っているため、ポットミルの中に原料が残っていると、それが「不純物」となって、正しい原料の混合ができなくなってしまいます。

そこで、毎日の実験が終わるたびに、使った器具をきれいに水洗いする必要があります。当時の私は、その洗浄作業を、研究開発とは直接関係のない雑作業だと考えて、手早く要領よくすませていました。

そのような雑なことをやっているから、不純物が混入し、思った通りの実験結果が出ないのだということに思い至った私は、恥じ入るとともに大いに反省をしました。

いい仕事をするために必要不可欠なこと——先輩にあって自分にないものを、眼前に突きつけられたような思いがしたからです。

それはなんでしょうか。

一つは、「細部まで注意を払うこと」でした。

実験で使った器具を水洗いするという、雑用のような単純作業でも、いや、単純作業であるからこそ、丹念にていねいにこなす必要があります。「神は細部に宿りたまう」というドイツの格言があるように、仕事の本質は細部にあります。いい仕事は、細部をおろそかにしない姿勢からこそ生まれるものなのです。

二つには、「理屈より経験を大切にすること」でした。

無機化学の教科書を読むと、ファインセラミックスは、酸化アルミニウム、酸化シリコン、酸化鉄などの原料を混ぜて成形し、高温で焼くと出来上がると書いてあります。たしかに、理論的にはその通りなのですが、実際にはそう簡単ではありません。現場で実際に手を汚し、試行錯誤を繰り返してみないと、わからないことのほうが多いもので、ポットミルの洗浄も同様です。理論と経験則がかみ合ってこそ、素晴らしい技術開発が可能になるのです。

そして三つ目は、「地道な作業を続けていくことを厭わないこと」でした。

仕事は、日々、継続してこそ進歩があります。洗浄といった地味な仕事を、日々続けていく中でこそ、確かな技術と経験が蓄積されていきます。そのような地味な努力を厭わず、「継続する力」がない限り、優れたものづくり、自他ともに満足するような仕事は不可能と言っていいでしょう。

このような仕事に取り組むための根幹となる考え方、いわば働く基本姿勢といったものを、私はそのとき、一人の先輩から無言のうちに教えてもらっていたように思います。

「手の切れるような製品」をつくれ

製品とは、「手の切れるような製品」でなくてはならない——。

私はつねづね、そう考えてきました。

「手の切れるような製品」とは、真新しい紙幣の手触りや質感のように、見た目にも美しく、非の打ち所がない、まさに価値ある製品をたとえた、私流の表現です。

以前、このようなことがありました。

半導体パッケージ（電子機器に使われる半導体チップを、外部環境から保護するとともに、電気的な接続の役目を果たす容れ物）をファインセラミックスでつくるために、ある技術者をリーダーとして研究開発を進めていたときの話です。

その研究開発は、京セラがそれまで経験したことのないほど、高度な技術が要求され、過酷な作業の連続でした。サンプルができるまでにも、想像を絶するような苦労と時間を費やしました。

そしてついに、研究開発部門のリーダーが「社長、苦労しましたが出来上がりました」と、私のところへ完成したサンプルを持ってきたのです。

私はそれを手に取って、しばし眺めました。言われるまでもなく、それが研究開発グループが苦心惨憺《くしんさんたん》してつくり上げた技術の粋《すい》であり、汗の結晶であるのはわかりすぎるほどわかっています。

しかし、一目見て、私はそれが自分が目指していた、理想的な製品ではないと思いました。

どことなく「薄汚れている」ように見えたからです。

セラミックス半導体パッケージは、ファインセラミックスの原料を窒素と水素の混合ガスの中で焼き固めてつくります。もしその上に脂肪分などがわずかでも付着していれば、焼成時にそれが炭化して、少し灰色がかった製品になってしまいます。それを私は、「薄汚れている」と感じたわけです。

私は、開発した彼にとっては非情とも言える言葉を口にしました。

「性能はともかく、これではダメだ。色がくすんでいる」

リーダーの顔色が変わりました。全精力を傾注《けいちゅう》してつくり上げたものを、その「性能」でなく、「外見」で判断されたのですから、無理はありません。

果たして彼は気色《けしき》ばんで食ってかかってきました。

「社長も技術者なのですから、論理的に評価してください。色がくすんでいることと製品の性能は関係ないはずです」

「たしかに性能面での要件は満たしているかもしれない。しかし、これは完成した製品ではない」

そう言って、私はその製品を彼に突き返しました。

立派な特性を備えているものは、見た目も美しいはずです。

なぜなら、外見とは「一番外側にある中身」のことなのです。見た目が美しいものは、必ず、その特性も優れているに違いありません。

私は言葉を重ねました。

「セラミックスは本来、純白であるべきだ。見た目も、触《ふ》れれば手が切れてしまうのではないかと怖くなるくらい、美しいものでなければならない。見た目がそれほど素晴らしければ、特性も最高のものであるに違いない」

こうして、私は「手の切れるような製品をつくろう」と呼びかけたのです。

あまりに素晴らしく、あまりに完璧なため、手を触れたら切れてしまいそうな、それほど完全無欠のものをつくることを目指すべきだ――そういうことを訴えたかったのです。

思い返せば、「手の切れるような」という形容は、幼いころに私の両親がよく使っていた言葉でした。

目の前に本当に素晴らしいものがあるとき、人間はそれに手を触れるのもためらわれるような憧憬《しょうけい》と畏敬《いけい》の念に打たれるものですが、両親はそれを「手の切れるような」と表現していました。それが私の口からもついこぼれ出たのでしょう。

「もう、これ以上のものはない」と確信できるものが完成するまで、努力を惜しまない――そのような「完璧主義」が、創造という高い山の頂上を目指す者には、どうしても必要になるのです。

「完成形が見える」なら必ず成功する！

仕事において何かを成し遂げようとするときは、つねに理想の姿を描くべきです。また、その理想を実現していくプロセスとして、「見えるまで考え抜く」ことが大切です。

それは、私が人生のさまざまな局面で体得してきた事実でもあります。

第二電電（現ＫＤＤＩ）が、携帯電話事業（ａｕ）を始めたときのことです。「これからは携帯電話の時代がやってくる」と私が言い出したとき、周囲の人たちはみんな首を傾げるか、そんなことはあり得ないと否定論を口にしました。

しかし、私には、未来がハッキリと「見えていた」のです。

携帯電話という無限の可能性を秘めた製品が、どれぐらいのスピードで、どう普及していくか。またどのぐらいの値段や大きさでマーケットに流通するのか。そのイメージが、事業を始める前にクッキリと見えていたのです。

なぜなら、京セラが手がけていた半導体部品事業などを通じて、私は携帯電話を取り巻く技術革新の進展やそのスピードについて、十分な情報や知識を持っていたからです。

当時、未《いま》だショルダーフォンと呼ばれ、肩からかついでいた大きな「携帯電話」を構成するさまざまな電子回路が、やがて小さな半導体に組み込まれることによって、携帯電話が飛躍的に小さくなること、またそのことによって、携帯電話という新しい商品がとてつもなく大きな広がりを持つことを、かなりの精度で予想することができたのです。

そのため、「契約料はいくら」で「月ごとの基本料金はいくら」「通話料はこういう値段」と、将来の料金設定までハッキリと予想できました。そのとき、私が言った料金設定を、ある幹部が手帳にメモしていたのですが、実際に携帯電話事業がスタートしたときに、彼が改めてそのメモを眺めたところ、なんとそれが、そのときの実際の料金体系とほとんど変わらなかったのです。

これが「見える」ということなのです。

考えに考え抜き、シミュレーションを繰り返していたから、未来さえ見えるようになったのです。

「こうありたい」と夢を描いたら、その思いを強烈な願望へと高め、四六時中そのことを考え尽くし、成功のイメージが克明に目の前に「見える」ところまで持っていくことが大切です。そのようにして、すみずみまで明瞭にイメージできたことは、間違いなく成功します。

最初は「思い」でしかなかったものが次第に「現実」に近づき、やがて夢と現実の境目がなくなって、すでに実現したことであるかのように、その達成した状態、完成した形が頭の中に、あるいは目の前に克明に思い描けるようになる。しかも、白黒で見えるうちはまだ不十分で、より鮮明にカラーで見えてくる——考えに考え抜けば、このようなことが実際に起こってくるのです。

逆に言えば、そのような完成形が見えるまで強く思い、深く考えていかなければ、仕事や人生での成功はおぼつかないと言えるでしょう。

「感度を研ぎ澄ます」

製造現場で、機械が異常な音を出していることがあります。

そのようなとき、私は「機械が泣いているではないか」と言って、担当者をよく叱ったものです。

機械の不調は、往々にして音に現れるものです。昨日までは心地よい音を発していたのに、急に変な音を出したりするのは、機械に異常が発生したからに他なりません。

それにもかかわらず、機械の見た目の動きは変わっていないという理由で、その異常が見逃されるケースが少なくありません。私は、現場の人間の「感度」の悪さを問題視して、「感度を研ぎ澄ます」よう厳しく注意してきました。

そのような習性が身についているせいか、会社の車に乗っているときでも、いつもと違った異音を耳にすれば、「ちょっと、おかしくないか」と運転手さんに言うことがよくありました。ただ、そのようなとき、ほとんどの運転手さんは「いつもと変わらないと思います」と答えて、何もないような顔をしています。

これは、「感度」の違いなのです。

「感度」が違うから、一方は「変わらない」と言い、一方は「変わっている」と言う。実際に、その車を修理工場で調べてもらうと、ベアリングの玉が一つ欠けているなど、どこかに異常が認められることがよくありました。

このような繊細な「感度」が、仕事で「完璧主義を貫く」には欠かせないものなのです。「感度」が鈍いと、製品が問題の発生やその解決策をせっかく語りかけてくれても、聞き逃してしまうことにもなりかねません。

同じように、私は社員に対して、整理整頓を口やかましく注意しました。

これもまた「感度」の問題と言えるでしょう。

私がよく注意しているせいか、ふいに現場に行っても、だいたいきれいになっていますが、ときには検査机や事務机の上の資料が、あちらを向いたりこちらを向いたりしていることがあります。机も紙もその形は四角なのですから、机の上の資料が斜めに置いてあったり、横向きになっていたりすると、私には奇妙な感じがしてなりません。

「机は四角形なのだから、それに合わせてものを置かなければ調和が取れず、気分が悪いでしょう。四角いところには四角になるよう、辺をそろえておきなさい」

そう言っては、資料や筆入れが斜めを向いていたら、それが机の辺と平行になるように片っ端から置き直すのです。

ものの置き方一つを取っても、そこには「調和の感覚」といったものが必要になります。

それは仕事においても同様です。

四角い机の上に、四角い書類がバラバラに、いろんな方向を向いて置かれているのを見て、それに違和感を覚えないような「感度」では、「完璧な仕事」ができることはおろか、「完璧な仕事とはどのようなものか」を理解することもできないのではないでしょうか。

机の上に置いてあるものがバランスを失っていると、どうも落ち着かない――そんな繊細な「感度」があるからこそ、問題が発生したときに、「何かがおかしい」ことにすぐに気づき、対策をこうじて、完璧な仕事をやり遂げることができるのです。

「ベスト」でなく「パーフェクト」を目指す

京セラを創業してから、二十年ほどたったころのこと、フランスの大手企業である、シュルンベルジェ社のジャン・リブー社長が来日しました。

シュルンベルジェ社は、石油を掘削《くっさく》する際にどのくらい掘れば石油の層に突き当たるのか、電波を使って地層の測定などを行なっている会社で、その分野ではきわめて高度な技術を持っている優良企業でした。リブー社長はフランスの名門の出身で、当時のフランス社会党の有力政治家とも交友関係があり、一時はフランス政府の閣僚候補にもなった人物です。

そのリブー社長が来日中、多忙な合間を縫って、わざわざ京都まで私を訪ねてこられました。「まったく畑違いの企業のトップが、なぜ私に?」と不思議に思いましたが、聞けば、私と経営哲学を語り合いたいとのことです。

当時の私は、シュルンベルジェ社のことも、リブー社長のこともよく知りませんでした。しかし実際、彼に会ってみると、さすがに同社を世界有数の企業にした人物だけあって、素晴らしい経営哲学を持っていました。

私たちは初対面にもかかわらず意気投合し、後日、彼の誘いを受け、アメリカで落ち合い、夜遅くまで語り合う機会を持ちました。

そのとき、リブー社長が、「シュルンベルジェ社ではベストを尽くすことをモットーにしている」と話しました。

それに対して私は、賛意を表しながらも、次のような持説を述べました。

「ベストという言葉は、他と比較して、その中ではもっともいいといった意味で、いわば相対的な価値観である。したがって、レベルの低いところでもベストは存在する。しかし、私たち京セラが目指すのはベストでなく、パーフェクト（完璧）である。パーフェクトはベストとは違って絶対的なものだ。他との比較ではなく、完全な価値を有したもので、他がどうであれ、パーフェクトを越えるものは存在し得ない」

私は、このように主張しました。

その夜、私とリブー社長の間で「ベスト対パーフェクト」の議論が深夜まで続きました。そしてついに、リブー社長が、「あなたの言う通りだ。今後はわが社でもベストでなく、パーフェクトをモットーにしよう」と、私の意見に同意してくれたのです。

私の考える「完璧主義」とは、「よりよい」ものではなく、「これ以上はないもの」を、仕事において目指し続けるということなのです。

6章

「創造的」に働く

――日々、創意工夫を重ねる

あえて「人が通らない道」を歩く

「次にやりたいことは、わたしたちには決してできないと人から言われたものだ」

これは、ピューリッツァー賞という、ジャーナリスト最高の栄誉を受けた、アメリカの高名なジャーナリスト、D・ハルバースタム氏が、その著書『ネクスト・センチュリー』で、わざわざ一章を割いて、京セラやその創業者である私について述べるときに引用した、私自身の言葉です。

京セラ創業以来、私はこのような気概を持って、新製品を開発し、また新しい事業に挑戦し続けてきたと彼は言うのです。

たしかに、私も自分自身がたどってきた人生を振り返るとき、誰でも知っているような「通い慣れた道」を歩いてきたことはなかったように思います。

昨日通った同じ道を今日も通ること、また他の人がすでに通っている道を歩むことが性に合わず、つねに誰も通ったことがないような、新しい道をあえて選んで、今日まで歩き続けてきました。

しかし、そのような道は人の通らない道であり、けっして平坦なものではありません。

その様を、私はこのようにたとえています。

「道とも思えない、田んぼのあぜ道のようなぬかるみを歩いてきた。足を滑らせて田んぼに足を踏み外したり、突然、目の前に現れるカエルやヘビに驚いたりしながらも、一歩ずつ歩いていく。ふと横を見ると、舗装されたいい道があって、そこを車や人が通っていた。その道を歩けば、ずっと楽に歩けるのはわかっていた。しかし、私は自らの意志で、あえて人が通らない、ぬかるみの道をただひたすらに歩いてきた」

「舗装されたいい道」とは、「誰もが考えつき、実際に通る常識的な道」のことです。そのような舗装された道を、人の後から歩いていっても意味はありません。先人の後《こう》塵《じん》ばかりを拝《はい》することになり、新しいことなど絶対にできるはずがないのです。

また、人と同じことをいくらやっても、大きな成果を期待することは難しいでしょう。大勢の人が歩いていった、何も残っていない道を歩くよりは、いくら歩きづらくても、新しい発見があり、大きな成果が期待できる道を歩こう。私はいつもそう考えてきました。

実際に、そのような人の通らないぬかるみの道、いわば未踏《みとう》の道こそが、苦労は伴うものの、想像もしないような、素晴らしい未来に通じていたのです。

「掃除一つ」でも人生は変わる

私は、京セラを創業してから今日まで、半世紀近い歴史の中で、ファインセラミックスの特性を活かした各種産業用部品に始まり、半導体用パッケージなどの各種電子部品、さらには太陽光発電システムから複写機、携帯電話などの機器に至るまで、幅広い事業分野へ挑戦し続けてきました。

また、まったくの異分野である通信事業やホテル事業も手がけてきました。

それは、私がそれだけの幅広い技術力を持ち合わせていたからではありません。日々、「つねに創造的な仕事をする」ということを、半世紀も絶え間なく続けてきた、その結果にすぎないのです。

毎日毎日、少しでも「創造的な仕事をする」ことを心がけていく。たとえ、その一日の進歩はわずかでも、十年もたてば、とてつもない大きな変化が生じるのです。

その例として、私がよく引き合いに出すのが、「掃除」です。

ほとんどの人が、イヤイヤ漫然と取り組んでいる掃除に、真正面から、真剣に、そして創造的に取り組んでいけば、どうなるでしょう。

たとえば、昨日までほうきで自分の職場を右から左へ掃《は》いていたのを、今日は、四隅から真ん中へ向けて掃くようにしてみる。

あるいは、ほうきだけではきれいにならないので、モップを使ってみる。さらに、モップでもらちが明かないなら、多少お金はかかるが、上司に願い出て掃除機を買ってもらう。掃除機を買えば一時的にコストはかかるが、長い目で見れば、手間や時間の削減にもつながっていくだろう。そして、その掃除機も自分で改良して、さらに効率化と質的向上をはかる。

このように掃除一つ取っても、その取り組み方によって、より早く、よりきれいにする工夫がいくらでも可能になってくるのです。

そして、そのような創意工夫を日々重ね、やがて一年もたてば、掃除のプロフェッショナルとして、そのノウハウが職場の仲間から高く評価されるようになることでしょう。そうすれば、建物全体の清掃を任されるということにもなるかもしれません。さらには、ビル清掃を請け負う会社を設立して、その会社を発展させることさえ不可能ではありません。

一方、「たかが掃除」などと言って、創意工夫を怠り、漫然とただ続けているような人は、なんの進歩も発展もなく、一年後も相変わらず同じような毎日をだらだらと続けているに違いありません。

これは掃除に限ったことではありません。

仕事や人生もまったく同じことです。

どんなに小さなことでも積極的に取り組み、問題意識を持って、現状に工夫、改良を加えていこうという気持ちを持って取り組んだ人とそうでない人とでは、長い間には驚くほどの差が生まれるのです。

それは、現状に飽きたらず、少しでもよくありたい、自分も日々向上していたいという、「思い」の差なのかもしれません。

毎日、少しの創意と工夫を上乗せして、今日は昨日よりもわずかなりとも前へ進む。そのように、よりよくありたいという「思い」こそが、仕事や人生では何より大事であり、真の創造に近づく秘訣でもあるのです。

素人の力——「自由な発想」ができる

京セラをはじめ、任天堂、オムロン、村田製作所、ロームなど、京都の優良企業の多くが、もともとその分野では「素人」、もしくは「素人」同然の人物によって創業されています。

そもそも私の大学での専攻は有機化学でした。無機化学であるファインセラミックスの研究に従事したのは、大学を卒業する直前のことであって、私もけっしてこの分野のエキスパートであったわけではありません。

ファミコンの成功によって大きく発展した任天堂も、もともとは花札やトランプをつくっていた会社で、会社を急成長させた三代目社長の山内溥《やまうちひろし》氏にしても、ゲーム機のハードやソフトなどは過去につくったことなどなく、その分野ではまったくの「素人」と言っていいでしょう。

大手制御機器メーカーのオムロンも同様です。戦後、創業者の立石一真《たていしかずま》氏が、アメリカではじめてマイクロスイッチを見て、「これからは制御系統部品が日本でも必要になる」と直感したのが始まりでした。立石氏はそれまで、弱電用の部品をつくったことはなく、やはり「素人」として事業を始めたわけです。

電子部品メーカーの大手、村田製作所の創業者村田昭《むらたあきら》氏にしても、もともとは京都の東山、清水《きよみず》焼の古里と言われるところで仕事をしていた方です。戦時中、軍から酸化チタンを使ったコンデンサをつくってほしいという要請を受け、新しいものにチャレンジしたことで、今日があるわけです。

ロームも特色のある電子部品メーカーですが、創業者の佐藤研一郎《さとうけんいちろう》氏は、もともとは音楽を志した人で、学生時代にカーボン皮膜《ひまく》抵抗器を効率よく製造する技術を自分で確立し、それをベースに事業を始めたのが創業のきっかけでした。その意味では、「素人」社長だったわけです。

これらは偶然の一致ではありません。

「素人でなければならない」明確な理由があるのです。

それは——「自由な発想ができる」ということです。

「素人」は、既成の概念や慣習、慣例にとらわれず、つねに自由な発想ができる。それが新しいことに挑戦していくにあたって、最大のメリットとなるのです。

私がそれに気づいたのは、京セラを創業してから数年たったころのことでした。

先発で、京セラよりはるかに企業規模が大きい、日本有数のセラミックスメーカーから、ある製品を生産してほしいとの依頼があったときのことです。

当初は、「欧米のメーカーからファインセラミックスの注文が増えているので、自分たちだけではこなし切れない。だから、京セラにも製造をお願いしたい」というお話でしたが、よくよく聞いてみると、先方の狙いは、その製品の製造を通じて、京セラのファインセラミックス技術を吸収することでした。

私はきっぱりとお断りしたのですが、先方の社長がそのとき、正直にこんなことを言ったことを今もよく覚えています。

「わが社の研究所には、有名大学の窯業《ようぎょう》コースを出た優秀な研究者がたくさんいる。失礼な話だが、稲盛さんは地方大学の、それも有機化学出身と聞く。また、あなたの会社にドクターはほとんどいないという。なぜあなたの会社にできて、わが社にできないのか」

そのとき、私は気づいたのです。

「創造」というものは、「素人」がするもので、「専門家」がするものでないことを。新しいことができるのは、何ものにもとらわれない、冒険心の強い「素人」であり、その分野で経験を重ね、多くの前例や常識を備えた専門家ではない——その社長の話を聞きながら、そのような感想を抱いたことがまざまざと思い出されます。

ぜひ読者のみなさんも、自由な発想と強烈な願望を持って、新しいことにチャレンジしていただきたいと思います。

「新しい計画」を必ず成就させる

私は一九八二年の京セラの経営方針発表会の席上で、次のようなスローガンを発表しました。

「新しき計画の成就は、ただ不屈不撓《ふくつふとう》の一心にあり。さらばひたむきにただ想え。気高く強く一筋に」

これは、積極思考を説いた哲人、中村天風《てんぷう》さんの著書からお借りした一節です。

その意味は、新しい計画の実現を望むのであれば、どんなことがあろうとも、けっしてあきらめず、ただひたむきに気高く、強烈に思い描き続けることが大切であり、そうすればどんなに難しい目標であろうとも、必ず達成できるということです。

私が、この経営スローガンを通じて言いたかったことは、人間の「思い」には、ものごとを成就させる力があるということ。とくにその「思い」が気高く美しく純粋で一筋なものであるなら、最大のパワーを発揮して、困難と思われる計画や目標も、必ず実現させていくということでした。

一般には、そのように人間の「思い」に素晴らしい力があるということがよく理解されていません。そのために、新しい計画を立てたそばから、「市場環境が変わってしまうのではないか」とか、「予想もつかない障害に遭遇するかもしれない」とか、「失敗したらどうしよう」などと、すぐに余計な心配をし始めるのです。

しかし、そんな取り越し苦労をしたり、心に一抹の不安や危惧を抱いたりするだけで、「思い」が持つ力は大きく減衰《げんすい》してしまい、計画や目標を達成することができなくなってしまうことになるのです。

私は、このスローガンを掲げた二年後に、この人間の純粋な「思い」がいかに偉大なことを成し遂げるかということを、身をもって証明し、多くの方々の励みともなればと考え、第二電電（現ＫＤＤＩ）の事業に乗り出しました。

一九八四年（昭和五十九年）、通信の自由化に伴い、京セラの他に二社が名乗りを挙げ、新電電は三社競合でスタートしました。

三社の中で、京セラを母体にした第二電電は、他の二社に比べて圧倒的に不利、という前評判でした。

それは、経営者である私自身に電気通信事業の経験がないこと。京セラに通信技術の蓄積がないこと。他の二社のように既存の鉄道路線や高速道路を利用してケーブルを引くことができないため、通信ルートを独自に開拓するなど、必要なインフラを一から構築していかなければならないこと。そして営業的にも親会社の企業規模が小さいために顧客の獲得が難しいこと、などが理由でした。

しかし、実際には、営業開始直後から「ないないづくしの不利な状況」の中でスタートした第二電電が、新電電三社中、もっとも優れた業績を上げ、先頭を走り続けたのです。

それは、第二電電が素人であっても、その事業にかける「思い」がどの通信会社よりも強く純粋なものであったからです。そのような強烈で美しい願望さえあれば、必要な技術やノウハウは、後からいくらでも導入することができるのです。

私は、「通信料金を安価にすることで、情報化社会において国民に貢献する」という、純粋で大義名分のある目標を掲げ、第二電電の創業を決意しました。また、その「思い」が本当に気高く純粋なものであるかどうかを、「動機善なりや、私心なかりしか」という言葉で、自らに厳しく問いただしました。

「第二電電をやりたい」ということが、「自分がもっと金持ちになりたい」とか「自分がもっと有名になりたい」という、私利私欲に発したものなのか、それとも「世のため人のため」という、私心のない善き心に発したものなのか、それを「動機善なりや、私心なかりしか」という言葉に込めて、何カ月も自分自身に問い続けたのです。

そして、「一切の私心はない」ということを確かめたうえで、第二電電の創業に踏み切りました。

当時、京セラは中央では知名度が低く、売上も二千五百億円ほどしかありませんでした。そんな地方中堅企業が、売上数兆円の国策会社であるＮＴＴと一戦を交えるわけですから、あまりに無謀であり、まるで風車に槍一本で立ち向かったドン・キホーテのようだと、世間は揶揄《やゆ》しました。

しかし、私は微塵《みじん》も成功を疑っていませんでした。それは、人間の「思い」が持つ、素晴らしい力を信じていたからです。

二十世紀初頭にイギリスで活躍した啓蒙思想家ジェームズ・アレンは、このことをその著書『「原因」と「結果」の法則』で、次のように見事に表現しています。

「けがれた人間が敗北を恐れて踏み込もうとしない場所にも、清らかな人間は平気で足を踏み入れ、いとも簡単に勝利を手にしてしまうことが少なくありません。なぜならば、清らかな人間は、いつも自分のエネルギーを、より穏やかな心と、より明確で、より強力な目的意識によって導いているからです」

純粋で美しい思いを強く抱き、誰にも負けない努力を重ねることができれば、どんなに難しい目標も必ず実現することができる――それは、京セラや第二電電の成長発展の歴史が証明している、「真理」であろうと私は考えています。

「純粋で強烈な思いがあれば、必ず成功できる」――このことを信じ、ただひたすらに、美しく清い心を持って、誰にも負けない努力を重ねていけば、必ず新しいことを成し遂げていくことができるのです。

楽観的に構想し、悲観的に計画し、楽観的に実行する

新しいことを始めて、それを成功させていく人というのは、自分の未来を明るく描く楽天的な人間であることが多いものです。

「こういうことをひらめいた。今のままでは実現できる可能性は低いが、必死に努力すれば、必ず成功することができるはずだ。よし、やってみるか」――こうした楽天家のほうが、得てして成功に近いものなのです。

ですから、私は、困難が予想される新しい事業を進めるにあたって、あえて「おっちょこちょいな人間」を起用することがよくありました。

少しばかり単細胞でおっちょこちょいではあっても、「それはおもしろい、ぜひやりましょう」と無邪気に賛意を示して、その場ですぐに腕まくりでもしてくれるような人間に、私は新しい仕事のリーダー役を任せることが多くありました。

それは、頭がいい人には悲観論者が多いからです。なまじ鋭敏な頭脳を持っているがゆえに、よく先が見えて、実行する前からものごとの可否がおおよそ判断できてしまいます。したがって新しいアイデアについても、「それは無理だ」とか「実現の可能性が低い」といったネガティブな判断を下すことも少なくありません。つまり、悲観論者は先は見えるが、そのことが、ともすれば実行力や推進力を抑制することにつながりがちなのです。

一方、楽観論者はその反対で、先の見通しには暗いのですが、先へ進もうとする馬力があります。だから、プロジェクトの構想段階や立ち上げの時期には、楽観論者のそのものごとを前へ進める力を買って、彼に牽引役《けんいんやく》を任せるのです。

ただし、その構想を具体的に計画に移すときは、そのまま任せることは危険です。楽観論者はその馬力ゆえに、ときに暴走したり、道を誤ったりしがちだからです。

そこで、慎重で熟慮《じゅくりょ》型のものがよく見える人間を副官につけて、あらゆるリスクを想定し、慎重かつ細心の注意を払って、実際の行動計画を立てていくのです。

しかし、そのままでもいけません。

それでは、予想される困難や障害を前に、実行しようという勇気が湧いてきません。計画をいざ実行する段になったら、再び楽観論に戻って、思い切って行動できるようにしなければならないのです。

「楽観的に構想し、悲観的に計画し、楽観的に実行する」――これが新しいテーマに挑戦していく最良の方法だと、私は考えています。

イノベーションに至る「確かな地図」

ファインセラミックスのイノベーション（技術革新）における先駆者――。

光栄なことに、私はそんな身に余る賞賛の言葉をいただくことがあります。もし、そのような高い評価をいただけるとすれば、それは私のファインセラミックスにかける思いがひときわ強いものであったからだと考えています。

技術開発の分野において、革新的な発展を果たしていくためには、専門知識や蓄積された技術だけでは十分ではなく、仕事に対する強い思いがなければなりません。とくに未知の分野を切り開いていくには、「なんとしても、このようなものをつくりたい」といった、強烈な思いが絶対に必要となるのです。

そのような強い思いがあるからこそ、未知の領域で遭遇する、いかなる困難に直面しようとも、それを克服して、仕事を進めていくことができ、その結果として、常識を超えた、画期的なイノベーションを成し遂げることができるのです。

たとえるなら、イノベーションとは、真っ暗闇の大海原を、羅針盤もない小さな船で漕ぎ出し、航海するようなものと言っていいでしょう。

そのような先が見えない状況の中でも、進路を誤ることなく、目的地にたどり着くために必要なのが、仕事に対する強い「思い」なのです。

灯台の明かりも、星さえもまったく見えず、進む方向を確認する術《すべ》が何もない真っ暗闇の中では、どの方向に進めばいいのか、戸惑い迷うばかりです。怖くて一歩を踏み出すことさえなかなかできません。

しかし、迷ったり手をこまねいていたりするばかりでは進歩がありません。未踏《みとう》の境地を開拓していくには、自分の心の中に羅針盤を持って、思い切って進んでいくことがどうしても必要となります。その心の羅針盤となるのが、信念にも似た強烈な思いなのです。

京セラは、ファインセラミックスの業界では最後発で、技術も設備も人材も十分ではなく、「思い」しか持ち合わせない状況からスタートしました。しかし、京セラの発展は、思いさえあれば、またそれが強いものであれば、どんな不利な条件を覆しても、必ず目的地へたどり着けることを示しています。

もちろん、画期的なイノベーションが、たった一年や二年で簡単にできるというわけではありません。それどころか十年たっても、二十年たっても、思うような目標に到達できないこともあります。しかし、そこであきらめてしまっては、新しいことなど何一つ成し遂げることはできません。

その強い思いは、成功するまで何があろうとあきらめず一歩ずつでも進み続け、日々創意工夫を積み重ねていく、そのような地道な取り組みに支えられていなければなりません。

ファインセラミックスの結晶技術をベースに開発を進めた太陽電池のビジネスは、その好例です。成功するまで三十年近くかかりましたが、現在では京セラの主力事業となっています。

言ってみれば、「なんとしても、こうしたい」という強い思いは、ものごとをなす起点であり、「こうあり続けたい」という、倦《う》まずたゆまず努力と創意工夫を継続していく姿勢は、ものごとを実現させていく推進力となるのです。

一歩一歩地道に仕事をこなし、一段一段着実に実績を三年、五年、そして十年と積み重ねていく、そのまるで亀のような歩みを、「泥臭い」とか「非効率」だと言って、退ける人もいるでしょう。

また、そのように一生懸命に、地味な努力と工夫を積み重ねている人自身も、「果たして、こんなことをしていて何になるんだろう」と不安に感じることがあるかもしれません。

しかし、私はそういう人たちにこそ言いたいのです。

日々のたゆまぬ努力と創意工夫こそ、イノベーションへ至る「確かな地図」であり、成功に至る「確実な道」であると――。

実際に、私自身がそうです。

取り立てて高い学歴があったわけでもない。傑出した能力に恵まれたわけでもない。ただ、仕事を好きになろうと努めて、無理矢理にファインセラミックスの研究に打ち込み、そのうちに本当にファインセラミックスが好きになり、いつのまにかのめり込んでいった。

そして、お客様からの要求に応じて、一心不乱に営々と努力と創意工夫を重ねてきたことで、経営する会社がファインセラミックス分野のトップメーカーに成長したのみならず、私自身もその分野のパイオニアとして、産官学のさまざまな分野から、高い評価をいただけるようになったのです。

はからずも、ファインセラミックス分野のイノベーターとして栄誉をいただくことになった私ですが、自分の人生を振り返り、すぐに頭に浮かぶのは、「日々の創意工夫こそが真の創造と成功を生む」という、あまりに平凡すぎるほどの教訓なのです。

たとえ、一日一日の努力と創意工夫はわずかなものであっても、それが一年、五年、十年と積み重なっていけば、その進歩は限りなく大きなものとなり、その結果として、驚くほど創造的で豊かな成果を手にすることができるのです。

エピローグ

「人生・仕事の結果」＝「考え方×熱意×能力」

人間として「正しい考え方」を持つ

私の仕事観、そして人生観は、一つの「方程式」に表すことができます。

それは、

人生・仕事の結果＝考え方×熱意×能力

というものです。

なぜ、このような「方程式」にたどり着いたのでしょうか。

それは、中学受験、大学受験、そして就職試験と、ことごとく志望がかなわなかった私が、「自分のような平凡な人間が、素晴らしい人生を生きていこうと思うなら、いったい何が必要になるのだろう」ということを、働き始めたときから、いつも考えていたからです。

また、周りを見ると、仕事や人生で成功を重ねていく人もいれば、失敗してしまう人もいます。そうした人々を目にしながら、「なぜ、人生や仕事でうまくいく人と、うまくいかない人がいるのだろう。そこには何か法則のようなものがあるのだろうか」と考えてもいました。

そのようなことから、京セラを創業して間もなく、この方程式を思いつき、以来、それに従って、仕事に励み、人生を歩んできました。また、自ら実践に努めるだけではなく、ことあるごとに従業員にも、その重要性を説き続けてきました。

この方程式は、「能力」、「熱意」、「考え方」という三つの要素から成り立っています。

「能力」とは、知能や運動神経、あるいは健康などがこれにあたり、両親あるいは天から与えられたものです。優れた資質を持って、この世に生を受けることは、長丁場の人生を生きるにあたって、最初から大きな資産を授けられたようなものです。

ただし、先天的なものであるために、個々人の意志や責任が及ぶものではありません。この天賦の才とも言える「能力」を点数で表せば、個人差があり、「〇点」から

「百点」まであります。

この「能力」に「熱意」という要素が掛かってきます。

「熱意」とは、「努力」と言い換えることができます。これも、やる気や覇気のまったくない、無気力で自堕落な人間から、人生や仕事に対して燃えるような情熱を抱き、懸命に努力を重ねる人間まで、やはり個人差があり、「〇点」から「百点」まであります。

ただし、この「熱意」は、自分の意志で決めることができます。

私は、この「熱意」を最大限にしようと、誰にも負けない、際限のない努力を続けてきました。

京セラを創業してから今日に至るまで、「人の数倍努力してやっと人並みだ」と考え、全身全霊を上げ、昼夜を分かたず、仕事に打ち込んできました。

この「能力」と「熱意」を点数で表してみます。

たとえば、健康で、頭脳も優秀で、「能力」が「九十点」という人がいるとします。

この有能な人物が、自らの才能を過信して、真面目に努力することを怠るならば、

「熱意」は「三十点」ぐらいです。すると、「九十点の能力」に「三十点の熱意」を掛けるわけですから、結果は「二千七百点」となります。

一方、「自分はせいぜい平均より少し上という程度だから、能力は六十点ぐらいだろう。しかし、抜きん出た才能がないだけに、一生懸命努力しよう」と、情熱を燃やし、ひたすら努力を続ける人がいるとします。

その「熱意」を「九十点」とするなら、「六十点の能力」掛ける「九十点の熱意」で、「五千四百点」となります。つまり、先ほどの有能な人物の結果と比べると、倍の結果を残すことができるわけです。たとえ、平凡な能力しか持っていなくても、努力をひたむきに続ければ、能力の不足を補って、大きな成果を収めることも、けっして不可能ではないのです。

さらに、これに「考え方」が掛かってきます。

私は、この「考え方」がもっとも大切であると考えています。「能力」や「熱意」と違って、この「考え方」には、「マイナス百点」から「プラス百点」までの大きな振れ幅があると思うのです。

たとえば、自分の苦労を厭わず、「他に善かれかし」と願い、一生懸命に生きていくような「考え方」はプラスの「考え方」ですが、世をすね、人を妬み、まともな生き様を否定するような「考え方」は、マイナスの「考え方」だと私は考えています。

ならば、掛け算ですから、プラスの「考え方」を持っていれば、人生・仕事の結果は、さらに高いプラスの値となりますし、逆に少しでもマイナスの考え方を持っていたとすれば、一気にマイナス値となってしまうどころか、「能力」があればあるほど、「熱意」が強ければ強いほど、人生や仕事において、大きなマイナスという無残な結果を残すことにもなってしまうのです。

先ほどの例で言えば、「六十点の能力」と「九十点の熱意」の持ち主が、人間として正しく善い「九十点の考え方」の持ち主であれば、方程式の値は、六十掛ける九十掛ける九十で、四十八万六千点という、素晴らしく高いものとなります。

一方、「能力」と「熱意」の値が同じであっても、わずかなりとも否定的な考え方、たとえばマイナス一点の「考え方」の持ち主であっただけで、一転、マイナス五千四百点となってしまい、さらに反社会的なマイナス九十点という、たいへん悪い「考え方」の持ち主であれば、最終的にはマイナス四十八万六千点という、極めて悲惨な結果を、人生で招いてしまうことになるのです。

実際、最近のベンチャー経営者の中には、人並み外れた「能力」と、あふれるような「熱意」を持って、創業した会社を一躍上場させ、巨万の富を手にしたものの、社会の指弾を受け、表舞台から去っていった人がいました。それは、「金で買えないものはない」とうそぶき、傍若無人《ぼうじゃくぶじん》の行動をとるなど、「考え方」が人間として正しいものでなかったからではないでしょうか。

私は、そのようなマイナスの「考え方」を改めない限り、いくらお金を持っていようとも、本当に幸せな人生を送ることはできないと考えています。

人生、または仕事の結果を最大にしようとするなら、正しい「考え方」を持つことがどうしても必要になってくるのです。

そして今、私は七十有余年にわたる自分の人生を振り返り、この「人生の方程式」が、仕事や人生の真実を的確に表現したものであり、よりよい人生を歩むための道しるべとなることを、みなさんに断言することができます。

読者のみなさんも、ぜひ正しい「考え方」を持ち、強い「熱意」で誰にも負けない努力を払い、持てる「能力」を最大限に活かし、仕事に真正面からあたるよう努めてください。

そうすれば、あなたの人生は必ず、豊かで実り多い、素晴らしいものとなっていくことが約束されているのです。

本書を結ぶにあたり、仕事や人生を実り多きものにしてくれる、正しい「考え方」をご紹介して、結びとしたいと思います。

つねに前向きで、建設的であること。
みんなと一緒に仕事をしようと考える協調性を持っていること。
明るい思いを抱いていること。
肯定的であること。
善意に満ちていること。

思いやりがあって、優しいこと。
真面目で、正直で、謙虚で、努力家であること。
利己的ではなく、強欲ではないこと。
「足るを知る」心を持っていること。
そして、感謝の心を持っていること。

将来を担うべき、若い読者のみなさんが、このような「考え方」を持って一生懸命に働くことを通じて、素晴らしい人生を歩まれることを心から願っています。

働《はたら》き方《かた》

著　者——稲盛和夫（いなもり・かずお）

発行者——押鐘太陽

発行所——株式会社三笠書房

〒102-0072　東京都千代田区飯田橋3-3-1

https://www.mikasashobo.co.jp

印　刷——誠宏印刷

製　本——若林製本工場

ISBN978-4-8379-2310-7 C0030

本書へのご意見やご感想、お問い合わせは、QRコード、
または下記URLより弊社公式ウェブサイトまでお寄せください。
https://www.mikasashobo.co.jp/c/inquiry/index.html